昭和が生んだ日本語

戦前戦中の庶民のことば

遠藤織枝［著］

大修館書店

昭和が生んだ日本語──戦前戦中の庶民のことば　目次

I

1.「なでしこ」はどこから?
——なでしこジャパンの由来 4
2. 皇室敬語のいまむかし 21
3. 誇張・美辞麗句あふれるグラビア 35
4. 敬称が示す人の地位 50
5. 少女と乙女、ガールとボーイ 59
6. 話しことばから見る人間関係
——男性編 71
7. 話しことばから見る人間関係
——女性編 87

II

8. 広告宣伝文・その1
——化粧品と薬 102

9. 広告宣伝文・その2
——背を高くしよう、学問を身につけよう 115
10. 「ニホン」か「ニッポン」か 133
11. 外来語はどのように市民権を得ていったか 143
12. 外来語と日本語の攻防 153
13. 消えたことば、変わったことば 164
14. 今も使われる戦時中のことば 178
あとがき 193
参照・引用文献/参照辞典 199
昭和語索引 201

＊本書に引用した『家の光』、『東京朝日新聞』及び『朝日新聞』、『讀賣新聞』からの当時の引用文は、仮名遣いは旧仮名遣いのままとしたが、漢字の多くは新字体に変えてある。

なお、参照した『家の光』は、一九三一年から一九四五年の一五年間のもので、新聞もそのほぼ時期のものである。

昭和が生んだ日本語―戦前戦中の庶民のことば

I

1　「なでしこ」はどこから？――なでしこジャパンの由来

◉花から人へ

女性のサッカーチームが大活躍しています。その名も「なでしこジャパン」。「さくら」でも「ひまわり」でも美しい花はたくさんあるのに、なぜ日本女性を指すことばとして「なでしこ」が選ばれたのでしょう？　戦前戦中の新聞や雑誌では、たいてい若い清楚な女性の写真入りで「大和撫子」の記事が出て来ます。ここからでしょうか。では、そもそも花の名である「大和撫子」が、いつごろから女性のことを表すようになったのでしょうか。

戦前の辞書で「やまとなでしこ」を見てみましょう。

1　①植　なでしこ。②我が国の婦人。日本の女性。（『明解国語辞典』三省堂、以下『明解』）

／①河原撫子の異名②日本婦人の異称。（『大辞典』下巻　平凡社）

2　なでしこ（瞿麦）の異名（『修訂大日本国語辞典』冨山房、以下『大日本』）／（唐撫子ニ対シテ云フ語）なでしこの一名。（『新訂大言海』冨山房）

1は初版が昭和一〇年代に発行された辞書、2はそれぞれの元になる『大言海』『大日本国語辞典』ともども大正期に初版が発行されています。この時代差が②の語義の有無と関係しています。大正時代の辞書編集者には「大和撫子」といえば、花のこととしか捉えられていなくて、②のような語義を辞書に記す必要は感じていなかった、それが昭和に入ってからは、「日本の女性」を意味する使われ方が目立ってきた、そこで辞書の語義も加わった、と考えられます。

戦後の一般的な国語辞典になると、必ず②の意味が入り、「②日本女性の清らかさ美しさをたたえて言う語」（『岩波国語辞典』初版、以下『岩国』）「②我が国の婦人〔日本の女をほめていうことば〕」（『三省堂国語辞典』初版、以下『三国』）「②日本女性の美称」（『広辞苑』初版）のように記されています。ほめたたえるべき女性で、普通の女性のことではないというわけです。現在最大の辞書『日本国語大辞典』第二版では、「②日本女性の清楚な美しさをたたえていう語」と記されています。

戦前の辞書は「日本の女性」「日本婦人の異称」と女性全般のことを意味する語釈だったのが、戦後になって、「大和撫子」の価値がぐんとあがったのです。それは、昭和の時代の中でも戦争の時期から戦後に近い時期に使われた「大和撫子」の使われ方が影響していると考えられます。

◉実は男もいた！

いったん明治時代に戻って、「大和撫子」の意味の変遷をたどってみましょう。まず明治期の新聞での「大和撫子」の活躍を探してみます。

『東京朝日新聞』(昭和一五年から『朝日新聞』と名前が変わりますが、同じ新聞社の発行なので以下はどちらも『朝日』と略記します）の最初の「大和撫子」は明治二八（一八九五）年八月二日の記事に見出しで出てきます。駐日英国公使アーネスト・サトウと妻・おかねとその子のことが紹介されています。サトウは、初め英国公使館の書記官として赴任していたときにおかねと結ばれ、二児をもうけますが、長男が六歳のとき帰国命令が下り、単身帰国。十余年後に英国公使として再来日し、おかねと、彼女がサトウの仕送りを受けながら立派に育て上げた息子と再会します。(以下に紹介する新聞記事ではほとんどの漢字にルビが振られていますが、そのまま写すと

うっとうしくなりますので、必要な箇所にだけルビを振ります。以下の箇所でも同様にします）

「三人共に打連《うちつ》れてサトウ氏に対面せしかバ同氏もおかねの貞操節義を感じ近々正式を履《ふ》んでおかねと結婚し改めて令夫人となすと云へり実に二本《げ》の大和《ふたもと》撫子露《やまと》の玉《なでしこつゆ》に瑕《たま》もなく斯《きず》る出世の時を得しハ目出度くも亦《また》珍しき話にこそ」

と長い物語は結ばれています。ここで出てくる「大和撫子」はおかねではなく、「二本の大和撫子」、つまり二人の息子なのです！

実は男の「大和撫子」は、昭和に入ってからも見られるのです。『朝日』の昭和の最初の大和撫子は男性です。昭和九（一九三四）年四月三日の紙面に「米人に化け通す／警察から検事局まで／哀れを止めた『大和撫子』」の見出しで、飛田弘という二七歳の男性が詐欺でつかまった記事が載っています。飛田は外人に化け、米人ケリー・コーエンと自称し、上海で料理を習った後東京に来ました。カフェー「処女林」でバーテンをしていましたが、「米人」を騙ってアメリカ企業との間で便宜を図ると何人かをだまして金銭を巻き上げていたところを、詐欺でつかまりました。検事局の取り調べで、紅毛の血は一滴も入っていない、歴とした日本人と判明したのだそうです。ここでは、男女の性別は無視して、米人ではなく日本人だったという「大和」の部分だけを取り入れてこの語が用いられています。何とも情けない大和撫子ですね。

◉売春婦を指すこともあった⁉

『朝日』の二件めの大和撫子例は明治二九（一八九六）年七月三日付の記事ですが、ここでは台北へ出かけた売春婦たちのことを指しています。日本はこの前の年明治二八年日清戦争に勝利して、台湾を植民地として支配下に入れます。台湾へは内地から多くの役人や商人が赴きます。そういう男性を追って女性も出かけます。

「是《これ》大和撫子彼等が始めて此島地《このたうち》に着《ちやく》し基隆《きいるん》に上陸するや待恋《まちこが》れたる内地婦人の来着を聞《き、》伝へ妍媸《けんし》醜美《しうび》を択《えら》むの遑《いとま》なく尽《ことごと》く之を基隆《きいるん》に抑留し［……］今や台湾に在るもの千七百六十八人の多きに達せり特に台北の如きハ何《いづ》れの処《ところ》にても内地婦人の潜行せざるなし是《これ》等ハ身に一芸の覚《おぼえ》あるにあらず内地に在りて已《すで》に人生の幸《さち》なきを嘆ぜし者どもなれバ台湾に来《きた》りても変りし事のあるべきはずはなく男子に持囃《もてはや》されしハ寸時の間にてありき自ら東洋随一の美人を気取りしハ真に夢の間にてありき今ハ糊口《ここう》に窮し二十銭又ハ五十銭の安値にて台湾民の袖を引くに至る」(圏点原文のまま、以下も同様)

と記されます。簡単に言えば、「日本内地で思うようにならないので、台北に渡ったけれども、日本人男性にも相手にされず、現地人の男性から安い金を取って性を売る女性たち」のことを大和撫子と呼んでいるのです。なお、基隆《きいるん》は、台湾の北の端に栄えた港町の名です。また、「妍蚩」の「妍」は美しい、「蚩」は醜いの意味です。

大正一四(一九二五)年三月一五日の『朝日』にも同様の表現が見えます。「紙上討論　公娼問題」という記事が載り、公娼の廃止か存続かを討論しています。「公娼」というのは、当時、公認されていた売春婦のことです。そこで杉山真一という男性が「廃止」を主張し、その廃止の可能性の実例を挙げています。すなわち、「大正十年私があの南洋の孤島に着いて間も無くの事、日本外務省は人道のためか体面のためか知らぬが兎《と》に角《かく》南洋各地から数千の大和撫子と云ふ同胞公私娼のぼく滅に成功した」と述べているのです。つまりここでは「公私娼」が大和撫子なのです。余談ですが、この紙上で公娼存続を主張しているのは女性でした。その論拠は、公娼がいなくなると、男性の性のはけ口の犠牲になる女性が増える、その防波堤として公娼は必要だというものです。何とも身勝手な言い分でした。

もちろん娼婦以外の女性、それもその婦徳を称賛する記事での使用もないわけではありません。

『讀賣』の最初の例は明治二七（一八九四）年四月一四日の「貞女、両夫にまみえず、大和撫子」と要約された記事です。器量よしの横山家子《いへこ》は最初の夫に一年で死別し、一人では生きられないので周囲から再婚を勧められますが、それでは死んだ夫に申し訳ないと悩んだ末に自ら命を断ちます。この家子＝大和撫子こそ、後で詳しく見ますが、戦時に戦争遂行の先兵として持ち上げられた大和撫子につながる最初かもしれません。

大正時代には、「外国に咲く大和撫子／露兵の我赤十字歓迎／日露親交の絶好機会也」（讀賣　一九一四・九・二三）や「桑港《さんふらんしすこ》に出現した日本婦人の薬剤師　日本生まれの大和撫子」（讀賣　一九二五・六・九）など、海外で活躍する日本人女性をたたえる記事も出ていますし、当然のことながら、本来の花としての大和撫子の記事も出てきます。向島の秋の花の咲き具合を知らせる記事では「桔梗《きゝやう》・女郎花《をみなへし》・男郎花《をとこへし》・藤袴《ふぢばかま》・芒尾花《すゝきをばな》・芙蓉《ふよう》・紫苑《しをん》・秋海棠《しうかいとう》」などの秋の花々のひとつとして登場します。これらの花が当時秋の花として認知度の高いものであったのでしょうし、大和撫子もこれらの花と同じ程度に認知されていたことがわかります。

明治大正の新聞の大和撫子には、男性もいれば、少女もオペラ歌手もいました。大変な貞女もいれば公娼もいました。となると、戦後の辞書の語釈の、「日本の女性の美称」とは違いますし、女性だけでもないのですから、戦前の辞書の語釈の「日本婦人の異称」も、当を得ていないことになります。

◉昭和の大和撫子

さて、昭和になると新聞に登場する大和撫子は格段に増えます。戦前、昭和元年から二〇年八月までに『朝日』三五例、『讀賣』四〇例があります。そこから昭和の大和撫子像を見てみましょう。

まず、どういう女性が大和撫子と呼ばれているかを見ると、記事から年代などがわかるのは三一名ですが、一〇代から五〇代まで広がっています。既婚者も多く、二児の母、三児の母という人物もいました。

大和撫子の活躍する場はというと、「遠征の大和撫子/劈頭から気を吐く」「大和撫子の意気!/満洲で兵隊さんの世話」「大和撫子が日本茶の接待/パリ博の日本館愈よお目見得」「ペルーから大和撫子の赤誠」などなど、なにかしら海外が絡んでいる大和撫子が多いのです。海外がらみ五七例、国内は一八例でした。
肝腎の、何をして大和撫子として取り上げられたのかを、見出しからみてみましょう。

［1］最年少／可憐な／大和撫子／二度目の栄誉／渡辺すみ子嬢（讀賣 一九三一・五・三〇）
［2］異境に誇る大和撫子／前畑嬢を讃ふ（朝日 一九三六・一〇・五）

は、一五歳半でロサンゼルス・オリンピックの代表に選ばれた渡辺さんと、ベルリン大会の二百メートル平泳ぎで優勝した前畑秀子さんをたたえる記事です。詩人の西條八十は『讀賣』の特派員としてベルリンに赴き、前畑さんをたたえる歌を作っています。その題名も「おゝ大和撫子！」。やはりオリンピックで活躍する選手たちは、新聞でも雑誌でも盛んに持てはやされていました。今と少しも変わりません。また、外国の大学で優秀な成績を収めたり、コンクールで優勝した女性も大和撫子として賞賛されました。

［3］米国の男女を一蹴／大和撫子に栄冠／中島孝子さん〝凱旋〟（朝日 一九三七・六・二八）

では、アメリカの大学に留学して、全学中最優秀賞を得て卒業した中島孝子さん、つまり、その大学のアメリカ人学生のだれよりも優秀だったのが大和撫子でした。

昭和初期日本は各地で戦争をしていました。ドイツと手を結んで、連合国と戦い、中国にも侵略をして「満洲国」などを作り上げていました。そういう時代ですから、戦略的な意味で国際結婚も美談として取り上げられました。

［4］「恋のアジア主義／国境人種何のその／大和撫子の意気／日支事変はかへつて恋の拍車」（讀賣　一九三三・九・二三）

［5］日満親善の若夫婦／スローガン完成！／大和撫子と結ぶ／満洲国の白小校（讀賣　一九三五・七・五）

［6］「上野の花に魁《さきが》けて／朗か〝日独結婚協定〟大和撫子と独逸青年」（朝日　一九三七・二・三）

［4］は中華民国からの留学生と恋に落ちた日本女性が、人種的偏見をはねのけて結婚した、そのことを高く評価して大和撫子の意気と褒め上げています。［5］は「満洲国」から日本に留学した白という小校（日本の少佐に相当する位）が、日本女性と結婚するというスローガン

を掲げて頑張った、その結果選ばれた女性が大和撫子なのです。［6］は日本がドイツと日独防共協定を結んだ翌年、ドイツ青年と日本女性が結婚したので「日独結婚協定」と見出しをもじっています。上野の花が咲く前に、二人の間に花が開いたというわけで、国際親善に大手柄を立てた大和撫子としてたたえています。

◉戦争と大和撫子

戦況が険しくなってくると、大和撫子も街頭に出ます。出征する身近な男性の無事を祈って「千人針」を集める女性が目立つようになります。千人の女性に針で結び球を縫ってもらった布を身につけると、敵の弾をよけられるというのです。その針を運ぶのが大和撫子です。

［7］「非常時の街頭風景／「千人針」の由来／床し、大和撫子の指の運び」（朝日　一九三七・七・一七）

次は戦争に協力するために、お国のためになることはなにかと、インタビューした記事です。その相手はダンサー・女給・女学校長・農村分会長などのお歴々まで、さまざまな階層の人です。微力ながらと謙遜して語っていますが、ここでは、ダンサーも女学校校長もみな大和撫子です。

[8]「微力ながら大和撫子／私達かうしてお国へご奉公／ダンサー・女給さん其他お歴々の体験談を訊く」（朝日 一九三八・三・一）

五万という大量の大和撫子も登場します。

[9]「五万の大和撫子咲く／私立高女体育大会」（朝日 一九四〇・一〇・一三）

というもので、心身を鍛える合同体育大会での五万人の女学生のことです。つまり花にすれば五万本の大和撫子です。さぞ壮観だったことでしょう。

日中戦争が次第に激しくなると、戦地中国へ出かけていく大和撫子も増えてきます。

[10]「輝ける大和撫子――徐州一番乗り」（讀賣 一九三八・五・二六）

[11]「敵地近き南へ、／電波の女四戦士／技術員の資格で壮途へ」（讀賣　一九四三・四・一七）。

[10]は二二歳の女性タイピストが宣撫班員として徐州に最初に乗り込んだという記事。[11]は交換手として働いていた女性四人が、現地の女性達に通信技術を指導するために南方に赴くという記事です。

抗日軍の抵抗にあって命を落とす大和撫子も出てきます。

[12]「犠牲の国際愛／大和撫子　太原に散る」（朝日　一九三七・一一・一八）

は、中国からの留学生と結婚して、夫の故郷太原に渡った女性が、スパイ容疑で夫と共に抗日軍につかまり、壮烈な死を遂げた。最後まで助命嘆願などせず雄々しく死地に赴いたという記事です。

『朝日』の戦前最後の記事は

[13]「涙の溢る瞳から／大きな微笑／特攻隊見送る大和撫子」（朝日　一九四五・五・二〇）

輝ける大和撫子
徐州一番乗り

徐州一番乗りに胸をときめかせつゝ女性戦を明日に彼女は堅い決意を眉宇にみせて済南を發つた、乗馬服に乗馬ズボン、第一線のジャンヌ・ダルクともいひたい姿で彼女は硝煙の彼方へ出發した

彼女 は陸軍騎兵佐倉騎木野村の出身、朝鮮群山府群山公立女學校を出てこの三月まで群山に両親とともにゐたが、戦線は彼女の胸に新らしい希望をよびかけた、一人の弟三星(二〇)君を伴つて彼女が済南に入つたのはまる四月

彼女はこゝで宣撫班の徐州行を知つた、雷ひ鍛えたタイプライター一つを抱へて一行に加はり遂々しくも率先して徐州入りを志願したわけだ

「早くからこちらに来たいと思つてゐました、私の仕事はタイプですが進んで外に出て心のすさんだ支那の人々を慰め日本のほんたうの気持を傳へたいと思つてゐます、抑も早く一人前にして大陸の人柱にしたい決心です」

彼女は第一線にたつたひとりの、しかも

尊い 任務に生きる日本女性としてのたしなみから日本服の一揃ひをリュックサックに秘め好きな短歌にその決意を見せた

「いくさびと進みしあとの街々に宣撫のめぐみ拡がりわたる」

【済南にて白石特派員廿四日發】皇軍の徐州入城についでこんどは可憐な戦士宣撫班が廿三日済南を出發、戦雲いまださまらぬ「鐵壁の徐州」に乗りこんだ、まさに非武装部隊の徐州一番乗りである、戦線兵の護送をくゞつて徐州へ平和建設の使命を帯びて邁進する宣撫班のなかにたゞひとりの大和撫子―済南宣撫班タイピスト松本利子(二三)さんがある【写真は利子さん】

関西割烹 白夜茶屋 柳ぜし橋畔 電浪二三九六

スローガン完成！
大和撫子と結ぶ
満洲國の白小校
日満親善の若夫婦

かねてから日本のお嬢さんと結婚したいと熱望やまなかつた陸軍大學満洲國第一期留學生の騎兵小校（日本の少佐に相當）白亨拜氏が見事に希望を達して去る二日飯田町大神宮で結婚式をあげた、ベターハーフとなつた大和撫子は大森區田園調布三ノ三七七日本電氣株式會社の購買課長代理栗山勝助氏の次女で府立第六高女昭和七年出の和子さんである、當日式には親代りの遠原満洲國侍従武官をはじめ満洲國大使代理曾武官、中村陸軍少將らが出席

降る やうな祝辭で大變賑やかであつた、白氏は父親ゆづりの親日家でかつて昭和五年来朝陸軍士官學校に入學してゐたが満洲事變勃發とゝもに歸國吉林軍に投じ龍兵中尉に任ぜられて皇軍とゝもに活躍満洲國建國のためにつくした、一昨年十一月、満洲國最初の留學生に選ばれて再び来朝したこのごろから日本のお嬢さんに非常な憧れを寄せ『お嫁とるなら日本のムスメ』といふスローガンを立てた、これが山田、秋山少佐らや先輩知友の耳に入り、大勢で探し廻つた結果和子さんがたうとう選ばれたものである、赤坂區青山南町二ノ六五の新居には八月にも

氣持 のいゝ日満親善夫婦が新しい生活の第一歩を踏み出してゐる、白氏のはなし

『大きくいへば兩國親善の大理想に目覺めて自分の如きものと進んで結婚してくれた妻に心から感謝してゐます、明春學校を終へ故國へ歸つたら廣漠の境地に我々の理想を建設するため力のかぎり夫婦そろつて働く決心です』

「戦時の大和撫子たち」
◀例[10]の記事
（讀賣 1938.5.26）
▼例[5]の記事
（讀賣 1935.7.5）

という見出しで、恋人らしい特攻隊員を見送る女性が溢れる涙をぬぐい、でも直後に大きな微笑で見送ったという記事です。戦場に息子や恋人を送るのは名誉なこと、人前で涙を流すのはよくないという時代でした。でも実際は辛く悲しく、涙を流すのは当然のこと。それを書いた記者は勇気があったはずですが、すぐ「大きな微笑」でその涙を覆い隠してしまいました。そうしなければ原稿は載せられなかったのでしょう。そんな記事の書き方にも戦争末期の緊迫した様子が見て取れます。

大和撫子たちのしてきたことは多様ですが、学業にしろ、スポーツにしろ、従軍にしろ本当に優秀で立派な女性たちです。個人的な結婚でさえも、日支親善・日満親善・日独親善に貢献するとして賞賛される、これこそが大和撫子だったのです。

彼女たちをたたえる文章にはさまざまな修飾語が使われています。いちばんよく使われていたのは「意気が盛ん」のような「意気」が含まれるものでした。次が「美しい・力強い」、三番目が「健気」、四番目、「明るい・雄々しい・優しい」、五番目「うら若い・かよわい・可憐な・敢然と・化粧を捨てて・朗らかな・優雅な・床しい」でした。戦争遂行中の記事ですから、当然と言えば当然ですが、これらの多くは女性たち自身を賞揚し、その行為を高く持ち上げて褒めたたえ、激励しています。戦地に赴く男性が後顧の憂いなく出立できるための力強くしっかりした女性や、自ら敢然と戦場へ向かう意気盛んな女性が求められていた、その手本が大和撫子だったのです。

大和撫子の歴史をたどると、明治大正期には、「大和」すなわち日本人を示す語義のみでも使われたため、当初は男性を指す例もありました。女性の場合も、美称ではなく、一般の日本人女性のことでした。「大和」がつくので海外と対比する意識が働き、なにかしら、外国と関係のある人物の名付けに使われました。そのため、外地で働く私娼や公娼のこともこの語で呼んでいました。昭和になり、戦争の時代になると、全て美化されて「意気盛んで、強く美しく、雄々しく優しい」理想的な人物に仕立て上げられていきました。

「なでしこジャパン」にもどりましょう。この女子サッカーチームの愛称は二〇〇四年に一般から寄せられた二七〇〇通の応募の中から、川淵三郎、澤穂希ら六名の審査員により選ばれました（ウィキペディア）。一見、年輩のサッカー協会上層部のノスタルジアの産物にみえます。しかし、チームの実際を見ると、戦前の和服姿の美しい大和撫子とはまるで違います。従順に銃後を守ったお手本たちとも無縁です。化粧っ気のない健康そのものの自立したなでしこたちは、「なでしこ」の花の可憐さ・清楚さの面ではなく、荒れ地にも咲くたくましさと意志の強さを受け継いでいるように見えます。

彼女たちのイメージとなでしこが一体化していけば、なでしこの花の色は？　と聞かれたら、ピンクとか白ではなく、「小麦色！」と答える人が多くなるかもしれません。

2

皇室敬語のいまむかし

敬語というと、苦手！　と反射的とも思える反応が返ってくることがあります。聞いてみると、丁寧なことばが必要なのはわかるけれど、どういう相手にどういう敬語を使えばいいのかわからない、どういう場ではどういう敬語がふさわしいのかの判断も難しい、つまり相手との距離やその場の状況によって変えなければいけないのがわずらわしいので、こういう人にはこういう敬語と決めてくれたら楽なんだけど、なんて思っているようです。戦前はそれがはっきり決まっていました。でも、決まっていたから良いというものでもなかったのです。特に皇室に対する敬語は、決まっていただけ、がんじがらめで、メディアや文筆業の人たちは息がつまりそうだっただろうと、今から見てもそう思います。

◉天皇への特別敬語

次の記事は戦前の、天皇が行事に出かけた時の報道です。見出しは「聖上陸大へ行幸」です。「聖上」というのは、天皇のことをいう別の呼称で、とてもとても高い敬意をもつことば、「行幸」は天皇がどこかへ出かけることの尊敬語です。つまり、天皇が陸大＝陸軍大学校に出かけたという記事です。なお、以下に引用する新聞記事では、句読点の使い方が現在と違いますが、原文のままとします。

この日天皇陛下には同三十五分同校発御《はつぎょ》、同四十五分諸員整列奉迎裡に三宅坂の参謀本部に着御《ちゃくぎょ》、[……]に関する奏上を聞召《きこしめ》されたるのち天覧品陳列室に臨御《りんぎょ》あらせられ、[……]数々の品を天覧、次で午後零時十五分食堂に臨ませられ諸員に御陪食の栄を賜ひて畏《かしこ》くもその労を犒《ねぎら》はせ給ひ同一時二十五分参謀本部発御、天機愈々《いよいよ》麗しく宮城に還幸遊ばされた（朝日 一九三七・一〇・二九）

出発・到着などの動作は「発御」「着御」「臨御」とすべて後に「御」がつきます。下の身分のものが天皇に申し上げる謙譲語の「奏上」を「聞く」となれば、「聞く」の尊敬語の「聞召す」を使い、さらに尊敬の「れる」がついて「聞召され＝お聞きになり」となります。次いで、今なら「ご臨席」となるところが、「臨御」になり、それに尊敬の「あらせられる」がついて、「臨御あらせられ＝（陳列室に）おはいりになり」ます。天皇が陳列品を見るのは「天覧」です。その後食堂に臨むのですが、それは尊敬の「す」、それにもうひとつ尊敬の「られる」がついて、「臨ませられ」になります。「御陪食の栄を賜ひ」は「一緒に食事をする栄誉を与えることの尊敬表現。「労を犒はせ給ひ」は、労を「犒ふ」に尊敬の「せる」と、「給ふ」がついてお犒いになるのです。そして最後の「還幸遊ばされた」の「還幸」は行幸から戻ることですが、尊敬の「遊ばす」にもうひとつ尊敬の「れる」がついた「遊ばされる」がついて、「還幸遊ばされた＝お戻りになった」というものです。また、「畏くも」「天機癒々麗しく」は天皇の動作行為の様子を説明する修飾語句で、「天機」は「天皇の機嫌」です。今風に言えば「畏くも＝おそれおおくも」「天機癒々麗しく＝ご機嫌ますますうるわしく」となるでしょうか。

説明が繁雑すぎて恐縮ですが、正確に言うとこうなってしまいます。天皇の動作や行為にはそのつど、最上級の敬語動詞、助動詞、補助動詞が使われ、その敬語使用は徹底されています。

こうした敬語部分を取り除くと「天皇陛下は…を出発、…に到着、…を聞いた後…室に入って…を見、…食堂に行き、…担当者と食事をして、その労をねぎらい、…を出発、元気に宮城にもどった」となるでしょうか。これだけのことを言うのに、何と多くの敬語を連ねなければならなかったことでしょう。記者や校閲関係者の苦労が偲ばれます。

「天機麗しく」は一種の枕詞のような使われ方で、よく出てきます。四月に愛馬の日というのがあり、一九四一年四月は、代々木に千数百頭の馬を集め、天皇を迎えて盛大に行われました。従来の馬場運動ばかりでなく、銃後の増産に活躍する農民の馬耕作業や脱穀なども実演されたそうです。その馬耕のようすを天皇が見ている写真のキャプションにも「天機麗しく馬耕作業を天覧遊ばされる　天皇陛下」（家の光　一九四一・六月号）とあります。常套句として「天機麗しく」と勢いよく書き始めたものの、「天覧」の対象が「馬耕作業」となると、ガクンと肩すかしされた気がします。その場の情景に合った用語というより、決まり文句を使えば無難ということもあったのかもしれません。

◉天皇だけの敬語

また、天皇のことにしか使えないことばがたくさんありました。新聞記事中の「行幸」「還幸」「天覧」「天機」のほかにも、「御稜威《みいつ》＝ご威光」「大御稜威」「聖慮」「叡慮」「聖旨」「宸禁《しんきん》＝天皇のお心」「御軫念《ごしんねん》＝天皇が心を痛め心配すること」「宝算＝天皇のお年」「聖寿＝天皇の

天《てん》覧《らん》に輝《かがや》く馬《うま》の祭《さい》典《てん》

戦時《せんじ》にふさはしい軍官民合同《ぐんくわんみんがふどう》の興亞《こうあ》馬事大會《ばじたいくわい》は、四月《ぐわつ》七日、八日の二日間《かかん》に亙《わた》り、東京《とうきやう》市《し》代々木原頭《よよぎげんとう》において千數百頭の馬《うま》を集《あつ》めて盛大《せいだい》に擧行《きよかう》されたが、七日《か》の愛馬《あいば》の日《ひ》には畏《かしこ》くも天皇陛下《てんわうへいか》の行幸《ぎやうかう》を仰《あふ》ぎたてまつり、民草《たみくさ》はひとしく無上《むじやう》の光榮《くわうえい》に恐懼《きようく》感激《かんげき》した。特《とく》に今年《ことし》は意義《いぎ》深《ふか》くも、從來《じうらい》の馬場《ばば》運動《うんどう》や障碍《しやうがい》飛越《ひゑつ》といつた一部《ぶ》の騎乘《きじよう》ばかりではなく、銃後《じうご》の増産《ぞうさん》線《せん》に活躍《くわつやく》を續《つゞ》けてゐる農民《のうみん》の手《て》によつて、馬耕《ばかう》作業《さげふ》や脱穀《だつこく》、籾摺《もみすり》などの定置作業《ていちさげふ》が、初《はじ》めて天覧《てんらん》の光榮《くわうえい》に浴《よく》したのである。

（天機《てんき》麗《うるは》しく馬耕《ばかう》作業《さげふ》を天覧《てんらん》遊《あそ》ばされる天皇陛下《てんわうへいか》。下は光榮《くわうえい》に浴《よく》する馬耕《ばかう》。）

『家の光』昭和16年（1941）6月号

お年」などたくさんありました。
「宝算」、「聖寿」は毎年元日の記事に登場しました（かつては誕生日でなく元旦で歳を加えます）。

［1］天皇陛下には宝算御四十一、皇后陛下には御年御三十九の春を迎へさせられ、（朝日 一九四一・一・一）

［2］大元帥陛下には聖寿御四十二を算へさせられ［……］皇后陛下には御年四十、（朝日 一九四二・一・一）

［3］天皇陛下におかせられましては宝算四十三、天機益々麗しく、（朝日 一九四三・一・一）

［1］は「御四十一」に「御三十九」と、数字にまで「御」がついています。［2］は、皇后だけは「御年四十」と数字の「御」は消えています。［3］は天皇の年齢でも「御」なしです。このあたり、ちょっとゆれています。天皇は「宝算」「聖寿」、皇后は「御年」の区別はしっかり守られて、それに続く数字ですから少し厳密さも緩むのかもしれません。

天皇の呼び方にも、以下のようなものがありました（以下、傍線は遠藤による）。

［4］祝賀会場に拝す聖上陛下（朝日 一九三七・五・二八）

［5］畏くも陸海の精鋭を親しく御統帥あらせ給ふ大元帥陛下には、（朝日 一九四一・一・一）

［6］いま未曾有の国難下、一天萬乗の大君として神にしある御身を、敵暴虐の跡に進めさせ給ふのである、（朝日 一九四五・三・一九）

［7］わが大君にはかほどまで民草の上に大き御心を垂れさせ給ふのである、（朝日 一九四五・三・一九）

［6］の「一天萬乗」は天下を統治する天子のことで、何ともすごい表現です。「神にしある」と言われていたのですから、しかたのないことだったかもしれません。次は本当に「神々しい」例です。

［8］天皇陛下には御軍装も神々しく、御愛馬「白雪」に召されて、畏くも二重橋鉄橋上に出御あらせられ［……］御挙手の御答礼を賜つた。（家の光 一九四一・七月号）

さらに、天皇の体・顔・歩みなども、そのままで言うことはできませんでした。

［9］天皇陛下には天機益々御麗はしく玉体癒々御健かに拝し奉ります、（朝日 一九四一・一・一）

［10］御道筋に堵列《とれつ》した中小女学生たちも、龍顔御うるはしき御英姿を拝して、斉《ひと》しく聖寿の万歳を寿《ことほ》ぎ奉り感涙に咽《むせ》んだといふことである（朝日 一九三七・九・五）

［11］諸員奉迎裡に天顔殊のほか御麗しく同五十四分式場臨御、（朝日 一九三九・一・九）

［12］大元帥陛下には玉顔殊のほか御満悦の御模様に拝され、（朝日 一九四四・一・九）

［13］並列する優良馬のまへに玉歩を進めさせたまふ天皇陛下。（家の光 一九四一・六月号）

天皇の体は「玉体」、顔は「龍顔」「玉顔」「天顔」、歩みは「玉歩」と、「玉」「天」「龍」などをつけなければいけなかったのです。

◉皇后とほかの皇族への敬語

皇后についても敬語が盛んに使われるのは同じです。ただ、どこかへ行くのは天皇は「行幸」でしたが、皇后は「行啓」です。そのため、

赤十字と愛婦に／皇后陛下行啓／有難き令旨を賜ふ
皇后陛下には竹屋女官長陪乗の略式自動車鹵簿《ろぼ》にて宮城御出門、会場に着御《ちゃくぎょ》［……］奉迎を受けさせられて一旦便殿《びんでん》に入御《にゅうぎょ》、社長より同社の概況を聞し召され、君が代吹奏裡に式場に臨御《りんぎょ》、御声も爽やかに令旨を賜はり［……］御昼餐を御共に遊ばされた後［……］愛国婦人会第三十六回通常総会に臨御、親しく令旨を賜ひ、午後四時会場発御宮城に還啓遊ばさる（朝日 一九三七・五・七）

となります。「赤十字と愛婦に」の見出しをみて、「愛婦」って？ と戸惑われるかもしれません。「愛国婦人会」の略です。新聞は今も昔も省略が好きなんですね。なお、鹵簿は行幸行啓の行列です。また、「令旨《れいじ》」も皇后からのことばで、天皇の場合は「聖旨」ですから、間違えたら大変です。この記事はつまるところ、赤十字と愛婦に「行啓」し、宮城に「還啓」というわけです。こうなると天皇皇后が一緒に出かけるとどうなるかも知りたくなります。

「天皇・皇后両陛下／明治神宮御参拝／次いで絵画館に初の行幸啓／御聖徳を偲び給ふ

天皇、皇后両陛下には若葉薫る二十日朝、御久方ぶりに明治神宮に御参拝あらせられ、ついで神宮外苑の聖徳記念絵画館に御立寄り遊ばされた、両陛下の絵画館行幸啓はこれが御初めてで［……］約一時間に亘り館内の壁画八十品を御巡覧、［……］天機並に御機嫌麗しく絵画館発御、同十一時四十六分宮城へ還幸啓遊ばされた（朝日 一九三七・四・二一）

「行幸啓」←行幸＋行啓、「還幸啓」←還幸＋還啓と、きちんと両陛下の動作を表す語を結合しています。また、「天機」は前にも述べたとおり「天皇の機嫌」ですから、皇后の場合は使えない、それで「天機並に御機嫌」と律儀に並べています。「天皇の機嫌」は「天機」、「皇后の機嫌」は「御機嫌」という区別も何だか無理しているようですね。

［14］奉祝舞楽「悠久」を天覧、台覧遊ばされる両陛下。（家の光 一九四一・一月号）

一緒に見ていても、天皇は「天覧」、皇后は「台覧《だいらん》」としっかり区別しなくてはいけないのです。

ほかの皇族についても敬語は同様です。

［15］御日《おん》焼けの御姿《おん》も御凛《おん》々しく御鍛錬《ごたんれん》の皇太子殿下。（家の光 一九四一・一〇月号）
［16］皇太子殿下には、去る十二月十八日、靖国神社に行啓あらせられ、皇軍必勝を御祈願あそばされた。（同 一九四二・二月号）
［17］御姉宮《おんあねみや》照宮様は御《おん》八歳の春をお迎へ遊ばされました。（同 一九三二・三月号）

「御日焼け・御姿・御凛々しく・御鍛錬」と、つけられるところにはぜんぶ「御」をつけるという満艦飾、そして、皇太子が出かける意の敬語は皇后と同じ「行啓」なのですね。「行啓あらせられ」「御祈願あそばされた」「お迎へ遊ばされました」と動作行為にもはやはり最上級の敬語です。

皇室の敬語は、身分の上下や性による使い分けを忠実に守り、つけるべき箇所には必ず敬語をつけなければいけない、という極めて厳密な決まりがありました。戦前一九四一年に刊行された丸山林平の『日本敬語法』には、「皇室に関する敬語は、国民の最も注意すべきところで［……］皇族方の御名で［……］唯一つの誤植を犯しても、それは大なる不敬となる［……］」。

まして、敬語の使用法を誤るが如きは最も恐れ多いことである。[……]決して一点一画の誤といへども、これを犯してはならないのである。」(169-181)と記されています。そして当時、不敬と言われたら社会生活はできません。皇室の敬語の間違いは、一人の人間の社会的抹殺につながるほどの大問題だったのです。

◉現在の皇室敬語は

ここで、二一世紀現在の皇室の敬語も見ておきましょう。二〇一一年一一月の新聞記事です。

[18] 天皇陛下が入院/気管支炎悪化、大事をとり
風邪による発熱が続いていた天皇陛下は六日夜、東京都文京区の東京大学病院に入院した。(『毎日新聞』(以下、毎日)七日)

[19] 夕方にもお見舞い
皇后さまは七日夕、東京大学病院(東京都文京区)を訪れ、六日夜に入院した天皇陛下を見舞った。(毎日 八日)

[20] 皇太子さま、代理出席

皇太子さまは六日、東京都千代田区の国際フォーラムで開かれた「第六〇回全日本手をつなぐ育成会全国大会」に出席した。［……］天皇・皇后両陛下が出席の予定だったが、天皇陛下が風邪のため、代わって参加した。（朝日　七日）

［21］愛子さまが退院へ

東大医学部付属病院（東京都文京区）に入院していた皇太子ご夫妻の長女愛子さま（9）が、五日午後にも同病院を退院する見通しとなった。［……］雅子さまは愛子さまに付き添い、同じ病室に寝泊まりしていた。（毎日　五日）

「天皇陛下が入院」「皇后さまは訪れ、……見舞った」と、どの動作にも敬語は使われていません。まして、天皇と皇后の動詞を別にすることはありません。皇太子以下も同じです。「皇太子さま……出席した」「愛子さまが……退院する見通し」「雅子さまは……付き添い……寝泊まりしていた」と、どの動作も普通の人と同じ扱いです。もちろん、全く敬語が使われていないわけではありません。「天皇陛下」の「陛下」は敬称ですし、「皇后さま」・「雅子さま」の「さま」は、新聞が一般に使う「さん」より敬意の高い接尾辞です。ここに敬語は残していますが、動作行為には敬語は使われず、神格化された戦前の大げさな敬語は全く影をひそめています。

敬語ではありませんが、皇后の誕生日のコメントで、つい笑ってしまいました。体調に関する質問に「陛下も私も、少ししんどい年令に来ているかと感じています」（讀賣 一〇・二〇）と答えたというものです。皇室に関西方言が入り込んでいるという新事実の発見でした。戦前の新聞では決してあり得ないことです。万が一こういうことばが出てきたとしたら、敬語の学者も宮内省の役人も新聞社の幹部もあわてふためき、必死で取り消したことでしょう。

3　誇張・美辞麗句あふれるグラビア

戦前の雑誌のグラビアには美辞麗句があふれています。

グラビアですから、風景写真が多く、世界各地の名所旧跡が紹介され、有名な人物が登場します。そういう場所や人物を紹介することばが、これ以上ないと思われるような褒め方なのです。誇張された表現、最上級の言い回しが多いのです。新聞でも手紙でも、今読むと恥ずかしくなるような美文や誇張が幅を利かせていた時代ですから、当然かもしれません。今の新聞で次のような文章にお目にかかることがあるでしょうか。

腹の底から迸《ほとばし》る掛声は国体館を震撼させる、薙刀は宙に舞ひ、虚空を切る時、サツサツ風を截つて一陣の涼気を孕む（讀賣 一九四一・八・七）。

誇張された語に限らず、全体に難しい漢字を駆使し、表現力に富んでいます。こうした文章を当時の新聞の読者たちが日常目にしていたと思うとつい、現在の日本人よりずっと語彙力があった、現代人は語彙力が落ちている、と思いこみそうです。しかし、短絡は危険です。こうした新聞を読んでいた層が日本人の大半とは言えず、教育水準の違いを考えただけでも、単純に比較はできませんから。それはさておき、やはり大げさであり、今とは表現の仕方がかなり違っていたことは、おもしろい事実です。

まずは、自然の美をたたえる表現からみていきましょう（以下の引用は注記のないものは『家の光』からです。また傍線は遠藤によります）。

◉霊峰、雄大無比——山をほめる。

［1］雲海から浮び出た秀峰白馬の頂（一九三四・七月号）

［2］霊峰富士に映える河口湖畔の桜（一九三四・三月号）

［3］初雪に粧《よそほ》はれた白馬の麗姿（一九三四・一二月号）

［4］くつきりと影を落した秀麗なさかさ富士（一九三四・八月号）

みな　すばらしい、りっぱな、神々しい山々です。こういうことばで、紹介されると北アルプスの白馬も富士山も、登るより見ていた方がいい山になりそうですね。そもそも「霊峰」などと言われては、おそれおおくて登るなんてとんでもないと叱られそうです。「霊峰」も「秀麗」も現代語として使われることもあります。日本酒の銘や、雅号としてそれなりの格調の高さを狙ったり、古典的な雰囲気を付加したいときでしょう。毎日仰ぎ見たり、夏山登山でアルプスに出かけた今の登山者たちは、こういう形容はしないのではないでしょうか。

「神韻」ということばも出てきます。たとえようもなく気品の高い様子の意味で、ますます神々しくなってきます。畝傍《うねび》の山麓がそうだというのです。

［5］神韻豊かな畝傍山麓には、収容人員五万といふ、すばらしい大運動場もできた。（一九四〇・二月号）

そんな神聖な場所に大運動場ができては環境を破壊しなかったかと、遅まきながら心配したくなります。

［6］壮麗な岩石美と、皚々《がいがい》たる万年雪、霊妙な山気は天下に類を知らない。（一九三九・七月号）

北アルプスの穂高岳のことを言っているのですが、「壮麗」で「皚々たる雪」、「霊妙な山気」、と並べ、「天下に類を知らない」とまで持ち上げています。どこであれ、ここほどの所は他にはないというのです。同じように「無比」、つまり、比べるものがないということばで、その美しさや規模を伝えるものもあります。

［7］讃岐《さぬき》の屋島山上新興嶺《やしまさんじょうしんこうれい》から、明媚《めいび》な瀬戸内海を展望した、雄大無比の眺め。（一九三一・三月号）

「雄大無比」はスイスのマッターホルンの紹介にも使っていますし、また金沢兼六公園のことも、「雄大無比の日本式名苑である」（一九三三・一二）と絶賛しています。阿蘇山のことを「雄渾《ゆうこん》無比のその姿は、我国火山の代表的なもの」（一九三一・九）とも述べています。「無比」がいくつもあって良いのかと気になりますが、戦前の方が今より大げさに褒めたたえていたことは確かなようです。

◉端麗、森厳——人工物をほめる

都内に目を移しましょう

［8］明治神宮外苑聖徳記念絵画館前の端麗な銀杏の並木道。（一九三三・八月号）

「端麗」も「容姿端麗」「端麗な演奏」など現代語として使われないことはありません。同音類義語として発泡酒の「淡麗」も活躍しています。そして、外苑前の公孫樹《イチョウ》の並木道がきれいなのは今も変わりません。でも、現代の日本人が秋の夕陽を浴びて黄金色に輝くあの並木道を見て「端麗ね」とは言わないでしょう。表現のしかたが変わってきたのは確かですね。ちなみに「聖徳記念絵画館」とはどういうことかというと、グラビアの説明によればこの絵画館には「（明治）大帝の御聖徳を偲び奉る数々の聖画が陳列されてある」のだそうで、明治天皇の徳をしのぶために作られた絵画館だったのです。

「端麗」にもどると、大阪天王寺の五重の塔や、動物園の孔雀を「端麗な」と形容する例もありました。「端麗」に似た「典麗」も整って美しいことですが、それに「優美」も加えて「典麗優美」と形容される建築物もあります。

［9］典麗優美な英国議事堂と、皇帝ジョージ五世陛下。（一九三四・一月号）

英国議事堂への大賛辞です。また、タイの王宮をほめて、

［10］バンコックの中央にある輪奐《りんかん》の美を極めた王宮とワットプラチオフの遠望。（一九四一・八月号）

というのもあります。「輪奐」は高い建築物が壮大で美しいことをいうのですが、その美を極めたのですから、これ以上に美しい建物はないことになります。

公園の美しさをほめたことばには「幽邃閑雅《ゆうすいかんが》」があります。奥深くひっそりと静かで上品なという意味です。水戸の偕楽園のことをほめて、

［11］園内には梅樹数千株、幽邃《いうすゐ》閑雅な名苑である。（一九三三・一一月号）

と述べています。神社などではさらに厳かさが必要で、「森厳、神厳」などの形容動詞も使われます。ただし「神厳《しんげん》」ということばはどんな辞書にも載っていません。同音の「森厳」と混同した誤用でしょうか。あるいは、『家の光』誌の新造語なのでしょうか。

［12］森厳の気漲《みなぎ》る橿原神宮において厳かに行はれた。（一九四一・一月号）

［13］神厳な宮崎神宮の社殿。（一九四〇・六月号）

前述の神韻に縹渺《ひょうびょう》をつけて「神韻縹渺たる」として使われる例もあります。

［14］神さびた檜の鳥居が神韻縹緲《しんゐんへうべう》たる神宮の入口に高く聳えてゐる。（一九三六・一一月号）

俗にまみれた人の世界を越えたおごそかな様子の漂う神宮なのでしょう。
＊「標渺」も一般にはこの表記ですが、当誌では「縹緲」と表記しています。

◉明眸皓歯《めいぼうこうし》――人をほめる

［15］明眸皓歯、明治から大正年代にかけて、その類まれな美貌を謳はれた麗人林きむ子さんは、其後舞踊家として一家をなしてゐます。（一九三四・一月号）

「明眸皓歯」とは美しく澄んだ瞳と歯並びのよい白い歯、つまり美人のことです。「麗人」も同じ。きっと林さんは、映画スターのような絶世の美人だったのでしょう。「麗人」は他にも出てきます。

［16］世界各国の麗人たちに舞踊を教授してゐるミチヲ・イトウ（伊藤道郎）。（一九三一・三月号）

日本《に》本《ほん》女《ぢよ》性《せい》美《び》の代《だい》表《へう》者《しや》

嘗《かつ》て某婦《ぼうふ》人雑誌《じんざつし》主催《しゆさい》の美人投票《びじんとうへう》で日本《にほん》一の折紙《をりがみ》をつけられた麗人《れいじん》坂部《さかべ》榮《さかえ》さん。美《び》の觀念《くわんねん》は主觀的《しゆくわんてき》で、人《ひと》それ〴〵に美《うつく》しとするところは違《ちが》ふが、この洗練《せんれん》されたモダン味《み》の底《そこ》に輝《かゞや》く淑《しとや》かさ、日本女性美《にほんぢよせいび》の代《だい》表者《へうしや》たることに何人《なんぴと》も『異議《いぎ》なし』であらう。

『家の光』昭和９年（1934）１月号

「麗人たち」に舞踊を教える伊藤先生、当時の有名な舞踊家で、自分で踊ってみせる一方で、上流階級の人々に教えてもいました。

◉戦争報道の美辞麗句・誇張表現

戦争が激しくなると、勇敢な兵士が必要になります。軍隊も強くなくてはいけません。戦争を報道することばは、ますます誇張されていきます。

［17］忠勇果敢なる皇軍の向ふところ、殆《ほとん》どその敵を見ない。（一九四一・四月号）

まず「皇軍」。ただの軍隊ではありません。「天皇の軍隊」です。だから皇軍の兵士はみな「忠勇果敢」です。「無敵」です。

[18] 烈々相打つ熱闘——かくして世界にほこる『皇軍魂』は養はれて行きます。（一九四一・六月号）

「烈々」も激しいし、それが「相打つ」のだからものすごい「熱闘」になる、その「熱闘」によって「皇軍魂」が養われる、軍人は、世界に誇る「皇軍魂」を持たねばならないのです。皇軍は「怒濤の進撃」（一九四四・六月号）も「疾風の進撃」（同・八月号）もします。陸軍は「帝国陸軍」です。その陸軍は「鉄壁の強さ」（一九四一・六月号）を誇ります。

[19] 我が鉄壁の防衛陣は厳として敵の蠢動《しゅんどう》を許さない。（一九四一・五月号）

[20] 帝都は鉄壁の『防空要塞』と変つていく……（一九四四・六月号）

［20］の「帝都」は首都の美称です。この記事には「人員疎開」の小見出しがついています。「空襲に備へて、足手まとひになる年寄や女子供は、続々地方に疎開する」という文章の後に続きます（年寄りや女性を「足手まとい」とは、ずいぶん失礼な言いぐさです！）。隣には「建物疎開」の写真も出ています。空襲を受けたとき火災の延焼を防ぐため大学生が建物を壊しています。ここまでぎりぎりのところに追いつめられているのに、そのことを「防空要塞」を作ると表現し、しかもそれを「鉄壁の」と形容する、その誇張ぶりには呆れます。建物疎開までしなくてはいけなくなった首都を、「鉄壁の要塞」とは、書いた記者も心苦しかったのではないでしょうか。

戦争に勝つためには、国民のまとまりが必要です。国民は国家に忠誠を尽くさなければなりません。その誠は「熱誠」です。

［21］千葉県香取神宮に奉納されてゐる婦人の黒髪。これこそ銃後の熱誠の結晶。（一九三八・一月号）

女性の髪も供出させされ、それが「熱誠」の証しだったとは。

国民は天皇の「赤子」ですから、国民の忠誠は「赤誠」、まごころは「赤心」です。

［22］早朝二重橋前に祈る赤子の敬虔な姿。（一九四一・二月号）

［23］第一線、兵站部、通信隊、衛生隊を訪ねて心から慰問し、銃後の赤誠を伝へた。（一九三八・八月号）

［24］［……］二基の常夜灯こそ、［……］銃後農村の赤心を伝へるものである。（一九四二・一月号）

その心を一つにしなければ、勝てません。

［25］銃後国民が打つて一丸となつてこそ、聖戦の目的が完遂せられるのである。（一九四一・一〇月号）

「打って一丸となる」ことも誇張した比喩表現です。戦争もただの戦争ではなく「聖戦」ですから、率先して出征し、命を捧げなければなりません。

「爆撃に出動せんとする海の荒鷲」とある。
『家の光』昭和16年（1941）11月号

飛行機は空を飛ぶので鳥にたとえられます。戦闘機は鳥の中でも猛禽とされる「鷲」になります。その「鷲」のバリエーションがいくつも現れます。まず「荒鷲」です。

[26] 鵬翼《ほうよく》を連ねて抗日首都重慶爆撃に向ふ我が荒鷲の大編隊。（一九四一・七月号）

「鷲」ともなると、翼もまた格が上がって「鵬翼」（＝おおとりのつばさ）と立派になります。海軍の飛行機は「海鷲」、陸軍の飛行機は「陸鷲」です。

[27] 敵空《てきくう》を圧して、威風堂々爆撃に向ふわが海鷲の編隊行。（一九四一・一〇月号）

[28] 敵空軍基地上空で、巨弾の雨を降らせる、

わが陸鷲の勇姿。(一九四四・六月号)

「巨弾の雨を降らせる」もオーバーな表現ですし、その姿も「勇姿」です。まだ独立飛行が出来なくて訓練を受けている飛行機は「若鷲」、その先輩たちは「兄鷲」となります。その上には「親鷲」もいます。

[29] 若鷲たちは、朝な夕な敬虔な祈りを捧げて、訓練に励むのだ。(一九四一・九月号)

[30] 霞ヶ浦航空隊には、猛訓練の犠牲となつた多くの兄鷲の英霊をまつる神社がある。(一九四一・九月号)

[31] 今回の卒業生徒は[……]勇躍第一線の親鷲の翼下に赴き、(朝日 一九四一・三・二八)

そうした勇ましい「鷲」の中でももう一段上の猛烈な強さを誇るのが「猛鷲《もうしゅう》」です。

[32] 航空母艦上、今まさに進発せんとする海の猛鷲《まうしう》。(一九四四・七月号)

勇猛果敢な戦闘機も、敵機の爆撃に打ち落とされることもあります。そうして亡くなった軍人は「神鷲」になり、「軍神」になります。

［33］神鷲の名千載に輝く空の軍神加藤建夫少将の陸軍葬。（一九四二・一〇月号）

が行われることになります。「千載に輝く」も最上級の形容です。

戦争末期にもなると、戦死した兵士が増えます。戦没兵士は「英霊」になって遺族の元に戻り、靖国神社に祭られます。

［34］幾多護国の英霊を祀る靖国神社に参拝する女学生。（一九三七・三月号）

戦争を遂行するには、国民の心を鼓舞しなければいけない、戦闘に赴く兵士達に「聖」なる戦いを「皇軍」の一員として戦うという誇りを持たせなければいけない、亡くなっても、国のために捧げた「栄誉」ある死と遺族を納得させなければならない、そうした国中の雰囲気が、今から見ると大げさすぎて、浮いてしまっている激しいことばの数々を生んでいったのです。

4 敬称が示す人の地位

人を呼んだり指したりするとき、名前だけで呼び捨てにすることもあれば、名前の下に「さん」「先生」「ちゃん」などをつけて敬意や、親しみを表すこともあります。こうした敬称の中で、現在わたしたちがいちばんよく使っているのは「さん」。「さん」は特に目立つこともない、極めて平凡な接尾辞で、敬意の低い敬称です。でも、わたしは日本語の中でいちばんすぐれたことばのひとつと考えています。英語だったら、ミスター・サトウ、ミス・サトウ、ミセス・サトウ、そして、最近では、ミスとミセスの区別をしないミズも普及してきていますが、ミスターかミズかの区別はしなければいけない。中国語でも李先生と李女士は区別しなければいけない。ロシア語もフランス語も呼称の性別は厳然とある。ところが、わが「さん」は老若男女も、既婚も未婚も全部ひっくるめて使える優れものなのです。こうした敬称や愛称だけを古今東西で比べても、それぞれの、世相や人間関係がよくわかるものです。

さて、ここでは、「さん」ではすませられない、戦前のさまざまな敬称や呼称を雑誌『家の光』から見ていきましょう。

当時は身分の格差社会で、華族制度のもと、そのランクづけがはっきりしていました。華族の中でも公爵・侯爵・伯爵・子爵・男爵と順位が明確に区別されていました。大臣などを呼ぶのにもその身分で呼ぶことが多かったようです。

◉華族の称号で呼ぶ

［1］専任農相酒井忠正伯：伯爵は阿部内閣の大臣中、最年少者（四十七歳）であるが、（一九三九・三月号）

新しく農林大臣になった酒井忠正伯爵の紹介記事です。「伯」だけでもOKでした。そういえば『モンテクリスト伯』という小説がありましたよね。

［2］内閣総理大臣平沼騏一郎男《だん》：男《だん》は岡山県の旧津山藩士である。（一九三九・三月号）

この総理大臣は男爵だったのです。一九二五年に総理大臣になった若槻礼次郎も男爵で、「若槻男爵」とも呼ばれました。その男爵を「男《だん》」に縮めて、「平沼騏一郎男《だん》」といい、二度目以降はさらに省略して「男《だん》は」というのです。

一九四〇年七月に第二次内閣を組閣したのは「近衛文麿公」（一九四〇・九月号）です。「西園寺公望公が去る十一月二十四日薨去《こうきょ》した」（一九四一・一二月号）という記事も見られます。「公」は公爵で、いちばん高いランクですから、その死を伝えるのにも「薨去」という特別なことばを使っています。

人の死を表すことばにも「崩御・薨去・逝去・死去」と、やはりランクがあり、「崩御」は天皇・皇后・皇太后などの死に、「薨去」は皇族の親王以下と華族の上位の人の死に使われました。敬称から少しそれますが、戦前の新聞で「薨去・逝去」を調べてみました。「朝香宮妃殿下・九條道広公・東郷平八郎元帥・金子堅太郎伯・清浦清吾伯・林銑十郎大将・ヒットラー総統」などが「薨去」、「九鬼男爵・浜口前首相・藤井子爵・伊藤博邦侯・与謝野寛・孫文」は「逝去」でした。宮家・華族以外でも特別の貢献があった人は「薨去」、その中にはヒットラーも入っているんです。そして下位の華族である子爵・男爵と政治家や著名文化人は「逝去」というわけです。

今まで見てきたとおり、華族の爵位を敬称として使って「酒井伯・平沼男・近衛公」などと呼び、「伯は、男《だん》は、公は」などと三人称のようにも使っていたのです。ちなみに、「男《だん》は」式の敬称だけで呼ぶ言い方は女性にもあります。

［3］空の女王ジョンソン嬢：写真6は嬢と愛機、7は長岡外史将軍邸の晩餐会に臨んだ嬢とハンフリー機関士。（一九三一・一〇月号）

空の女王
ジョンソン孃
東亞一萬
二千キロの航
程を僅か十日間
に突破して八月六
日立川に飛來した
アミー・ジョンソン孃
は二週間餘の東京滯在中歡迎と見物に寧日もない有樣だつた
が、八月二十四日立川を出發東京ロンドンの往復飛行の新記
錄を目ざして歸還の途につ
いた。寫眞(6)は孃と愛機、
(7)は長岡外史將軍邸の晩餐
會に臨んだ孃とハンフリー
機關士。
6
『家の光』昭和６年（1931）10月号

最初は「ジョンソン嬢」ですが、そのあとは「嬢」だけになり、「嬢と愛機」などとなるのです。「嬢」といえば、運動選手の敬称も「嬢」でした。

［4］演壇に並んだ女子選手と報告する前畑秀子嬢（一九三六・一一月号）。

「前畑ガンバレ」の前畑選手も「前畑秀子嬢」だったのです。現在活躍中の女性のアスリートを「澤穂希嬢」「浅田真央嬢」と呼んだら、二人に失礼に当たりそうです。「嬢」とあの毅然とした強さとは相いれないように思えるからではないでしょうか。

◉閣下とその母堂

内閣の話にもどりますが、一九三七年林内閣が発足したときの新大臣の敬称はすべて「閣下」です。総理大臣兼外務大臣・文部大臣は「林銑十郎《せんじゅうろう》閣下」です。総理の他に二つも大臣を兼務するとは、超人的な実力者だったのでしょう。農林大臣は「山崎達之助閣下」、陸軍大臣は「杉山元《げん》大将閣下」です。軍隊の位の「大将」が大臣になると「大将閣下」となるわけで、なんとも重々しく、立派そうな大臣になります。

『家の光』のグラビアでは、内閣が交代すると、そのつど閣僚の写真が掲載され、その家族も紹介されます。そこでは、その人物を育てたということで、その母親がクローズアップされることがしばしばあります。その母親を指すことばが「母堂」です。きっと堂々としてものに動じないお母さんなのでしょう。

名士とその母
▷島田《しまだ》農相《のうしやう》と母堂《ぼだう》
八十歳《さい》の御高齢《ごかうれい》でなほかくしやくたるカメ子刀自《とじ》。ぽかぽか日《ひ》のあたる南向の縁側《えんがは》にくつろいで語《かた》り合《あ》ふ親《おや》と子《こ》のなごやかさ。

『家の光』昭和12年（1937）3月号

［5］島田農相と母堂：八十歳の御高齢でなほかくしやくたるカメ子刀自。（一九三七・三月号）

新聞で有名人の母親がなくなった記事を見ますと、

［6］有島生馬氏　母堂が死去。（朝日一九二四・二・四）

と、やはり「母堂」が敬称に使われています。母堂は、戦前ほど頻繁ではありませんが、現在でも使われることがあり、死語になったというわけではありません。

◉厳父と慈父

それでは父親はどうかと言いますと、

［7］古島一雄氏 厳父が死去。（朝日 一九三一・五・二一）

と、「厳父」になります。死亡記事の父親はほとんど全て「厳父」です。「慈父」もいたでしょうが、亡くなるとみな「厳父」になるようです。生きている人では「慈父」も出てきます。

［8］見上げる遺児たちの瞳も、慈父を迎へたやうに輝いてゐる。（一九四一・九月号）

この「慈父」は、父を戦争で失った遺児たちを見舞った東条首相のことです。

◉刀自・翁・女史

例の［5］に挙げた「カメ子刀自」の「刀自」も高齢の女性につける尊称です。「母刀自」、

「春子刀自」のように使われました。「刀自」は高齢女性の尊称でしたので、その男性バージョンもみてみましょう。高齢男性を尊敬して言う言い方には「翁《おう》」がありました。

［9］日本国粋運動の大御所頭山満《とうやまみつる》翁こそ、福岡県の生んだ国宝的人物である。（一九三四・一一月号）

頭山満といえば、大アジア主義をとなえて、大陸各地に暗躍した右翼の大立て者です。その巨頭がこんなところに出てくるとは意外でしたが、国宝的人物というのも驚きです。「翁」は名前の後だけでなく年齢の後にもつけられ、先の内閣総理大臣平沼騏一郎男爵は「七十三翁平沼騏一郎男」とも記されています。

「刀自」より若くて、業績のあった著名な女性の尊称は「女史」でした。

［10］良妻賢母主義の権化として天下に謳《うた》はれた鳩山春子女史、（一九三一・六月号）

［11］四月十五日、東京に着いたヘレン・ケラー女史を囲む新聞記者団。（一九三七・六月号）

鳩山春子といえば、鳩山一家の初代、鳩山和夫の妻で鳩山一郎の母です。そして最近の首相、鳩山由紀夫氏の曾祖母にあたります。良妻賢母の権化だったから、代々の首相や、大臣を生んだのですね。ヘレン・ケラーといえば、映画やミュージカルの『奇跡の人』。戦前にも日本に来ていたのです。鳩山春子もヘレン・ケラーも立派な業績を上げた人ですから「女史」の敬称をつけて呼んだのです。しかし、この「女史」は最近では使われなくなりました。以前は「アウンサンスーチー女史」でしたが、今は「アウンサンスーチーさん」です。「女史」が尊敬の意味だけでなく、女性を揶揄するときにも使われるようになって、尊称としては使いにくくなったのです。

5 少女と乙女、ガールとボーイ

ここでは、敬称ではなく、人物そのものを指すことばを見ていきます。特に戦前の若い男女を表すことばをまとめてみます。現代語でも「国立婦人教育会館」が「国立女性教育会館」へと「婦人」と「女性」が入れ替わったり、BGからOLへと変化したり、看護婦が看護師へと職業名が正式に変わったり、「女子会」「草食男子」がはやったり、女性・男性のことばはいつも話題にこと欠きません。

「少女・乙女・ガール」の若い女性を表す三語を比べてみます。

◉少女に対する語は少年、では、乙女に対することばは?

まず『家の光』のグラビア頁(一九三一‐四五)での使用頻度と使われ方です。

表　「少女」と「乙女」と「ガール」

	例数	使われ方
少女	10	少女が 1，少女さえ 1，少女だって 1，少女の 1，少女隊 1，少女達 3，少年少女 2
乙女	64	乙女 7，乙女心 1，乙女達 18，乙女の 27，乙女部隊 5，乙女奉仕 2，早乙女 1，銃後乙女 2，田園乙女 1
ガール	13	アナウンスガール 1，エアーガール 1，スタンドガール 1，モダンガール 4，ヤンキーガール 2，レビューガール 2，食堂ガール 1，麻雀ガール 1

使用頻度では「乙女」が圧倒的に多いこと、「少女」と「乙女」には棲み分けもあるようなのがわかります。

［1］陸稲《をかぼ》苗《なへ》の害虫駆除ぐらゐは、少女だつて出来ると、ひねもす精出す。（一九三八・八月号）

［2］ロンドンの少女達が逆立ちになつて物凄い美容体操をしてゐるところ。（一九三三・二月号）

［3］お初穂の西瓜を胸に抱きしめる喜びに、乙女の頰は綻《ほころ》ぶ――。（一九三八・九月号）

［4］黙々と高原に耕す乙女。（一九三三・三月号）

「少女」の方は、例は少ないものの「少女が…」「少女さえ…」「少女だって…」と少女が何かの行為の主体になっています。［1］では大人に混じって害虫駆除をやり遂げるという決意を示す少女ですし、［2］は逆立ちで美容体操をするというアクロバットのような力強い少女たちです。「乙女」の方が例は多く、中でも「乙女の〜」が多くて、「乙女の艶やかな髪」「乙女の眸」「乙女の微笑み」「乙女の頬」「乙女の姿」と続きます。［4］のような動作の主体になる乙女の例は少なくて、乙女の頬や微笑に焦点が当たっています。つまり、乙女は主体性のある存在として、何らかの行動をする人物というよりも、自らは何もせず、だれかから見られる存在として静かに微笑んでいる人物が多いのです。

まっすぐな黒い髪、ふっくらとした頬、清純そうでかわいらしいが、頼りなげ。自立したいと言って親をはらはらさせることもない、良いお嬢さん。そういうイメージが「乙女」。「少女」は新時代の風も吸い込んで、もしかしたら、世の中を引っ張っていく人物に成長するかもしれないと期待を抱かせるような……と、イメージが膨らむ存在です。

「少女」が出たら「少年」も知りたくなりますが、「少年」になると、

［5］地球儀を見つめる少年の胸は将来の希望に明るくふくらむ。（一九四一・六月号）

のような個人の例もあるにはありますが、こういうのは少数派で、「海洋少年団」「少年赤十字団」「少年消防隊」「青少年義勇軍」「少年警察隊」「少年奉仕隊」「ドイツ青少年団」「大日本青

少年団」などの団体名、「少年飛行兵」「少年斥候兵」「中国少年」「青少年移民」のようなグループの構成員として出てきます。少年たちはこんなさまざまなグループに入って（入らされて？）活躍していたんですね。

次から次へと出てくるこういう団体やグループの名称を改めて見ると、当時の環境がおぼろげながら想像できます。少年を取り巻いていた環境が今とはずいぶん違って、いろいろな組織が重なり合って存在し、そのどれかに所属しないではいられないという、かなりきつい強制力を持って少年たちを包囲していたように思われます。生まれた時からずっと戦時中だったような少年たちは、それに違和感を抱いたり、抵抗しようとする思いも持つことなく、そういうものだと受け入れてきたのでしょう。そういえば、戦争中には「少国民」ということばもできました。

［6］ぼくも、次代の空をまもる少国民です。（一九四二・六月号）

三國一朗の『戦中用語集』（142―143）によると、このことばは、次のようないきさつで一九四〇年九月に生まれました。すなわち、大政翼賛会が「児童文化統制機関」を設立することにな

▲「働く田園の乙女」
『家の光』昭和9年（1934）8月号

◀「少年警察隊員」
『同』昭和13年（1938）9月号

▼「食堂ガール」
『同』昭和13年（1938）6月号

⇨「ナイフは右《みぎ》、フォークは左《ひだり》におくのですよ。」こゝは日本橋《にほんばし》の三越《こし》。新参食堂《しんざんしよくだう》ガールの西洋料理《せいやうれうり》サーヴィスABC《エービーシー》。卓上《たくじやう》の花《はな》が乙女《をとめ》の春《はる》に微笑《ほゝゑ》む。

り、その名称案は初めは「児童文化協会」であった、ところが、山本有三が「児童」を「他の適当なもの」に変えるよう要望した、その結果、「日本少国民文化協会」という名称に決まった、ということです。

三國は「少国民」を「戦時下のこどもたち」と意味づけ、「少国民」は日本の戦争のための一種の「予備軍」と考えられていた、と述べています。確かに『家の光』のグラビアでも、「旗を先頭に出動する少国民部隊」「堆肥増産に励む少国民」など、「予備軍」のような書き方です。

ところで、先に「乙女」は「見られる存在として」の用法が多いと言ったのですが、そのことはこれに対応する男性側のことばを考えることで説明がつきます。男性側のことばは何でしょう。考えても思い浮かばないし、反対語を記す辞書にも出ていません。対応することばはないのです。（古語では「をとめ」と「をとこ」が対応していましたが、その後「をみな＝をんな」と「をとこ」が対応するようになり、「をとめ」の相手がなくなりました）

男女に関することばでどちらかしかないということは、存在する方のことばは、言語学で言う「有標（marked）」（無標（unmarked）に対し）ということです。たとえば、「女流」ということばを考えてみます。対応する「男流」という語はありませんから「女流」は有標の語で、

「男性とは能力的に違うグループ」となり、「男性と同じではない。男性より低い」というニュアンスです。だから、「女流」ということばを避ける女性作家が多いのです。

「乙女」は「明るい・微笑・輝く」などと一緒に使われ、女性を持ち上げているようにみえますが、やはりこれも「有標」の語で、対等の男性側のことばがない。つまり、一段高いところにいる男性からの男目線のことばなのです。

◉ガールとボーイは職業名

先の表に示したように、「ガール」は「〜ガール」という使い方しかありません。「ヤンキーガール」とは、アメリカの若い女性のこと、「エアーガール」というのは

［7］エアーガール：乗降《じょうこう》のお世話はもとより、御註文によつては同乗して面倒も見るのが彼女たちの仕事。（一九三七・四月号）

という女性で、今なら飛行機の客室乗務員でしょうか。当時の新職業のひとつとして紹介されています。当時の「〜ガール」の「〜」にくるのは、職業に関するものでしたが、現在の日

本語では「山ガール」「森ガール」など、嗜好の対象もくるようです。「山ガール」は、最初の「～ガール」から、「～ギャル」に進み、また本来の語形にもどった復旧型ということになります。戦前の最先端の職業の女性が「エアーガール」であり、「レビューガール」でした。また「モダンガール」も銀座を闊歩しました。戦後「バスガール」「チアガール」へと受け継がれ、「～」の部分はカタカナ語がほとんどだったところへ「山」という和語が来るようになったのが、新しい造語法です。昨今では「釣りガール」も渓流に糸を垂れているのです。

次は「ガール」に対する「ボーイ」です。この二語は対応関係で使われています。グラビアに登場する「ボーイ」には、こんなのがあります。

［8］お使ひボーイ：停車場《ていしやじやう》などの人通りの多い所で、買物の配達とか突然の急用に自転車で一走りして用を足して呉れるメッセンヂヤーボーイ。（一九三一・四月号）

「お使ひボーイ」と「メッセンヂヤーボーイ」は同じ職業の人のことのようです。その他に「モダンボーイ気取のペンギン鳥」というのがありました。このグラビアでは、ことばの例は三語で、「ガール」に比べると少ないのですが、しかし、当時「ボーイ」のつくことばが少なかったわけではありません。同じ時期の新聞を見ると、『朝日』では、「ガール」より「ボーイ」の方が多いのです。

新聞の「ボーイ」は「ガソリンボーイ」「マリンボーイ」「サービス・ボーイ」などもあり、「エレベーターボーイ」までありました。エレベーターで客を運ぶのは「ガール」だけかと思っていたのは認識不足のようです。丸ノ内のあるビルに勤務していた一九歳のエレベーターボーイが友人を誘って心中をはかった、という記事（朝日 一九三一・一二・六）で、同じ語が二度目に出るときは、なんと「エレ・ボーイ」です。

また、「ボーイ」は「元三越のボーイ」というように単独でも使われていますが、「ガール」にはそうした例はありません。

こうした新しい職業が次々に生まれた時代だったのでしょう。先の「エアーガール」は新職業として紹介されていると言いましたが、ここで雑誌が伝える当時の女性の新職業も見ておきましょう。

一九三一年五月号では「尖端婦人職業巡り」として、また、一九三七年四月号では「婦人職業新戦線」として当時の最先端の女性の職業が紹介されています。三一年の方は1タイピスト、2スタンドガール、3美《び》爪師《さうし》、4レヴユウガール、5萬歳師、6美容師、7麻雀ガール、8チンドン屋の八種の職業です。2、3、7の説明は以下のとおりです。

［9］スタンドガール：自動車のガソリンを売る女。

［10］男の床屋に現れた女の美爪師、これは爪磨きがお役目です。

［11］麻雀ガール：相手になつたりいろ〳〵の世話をしたりしてゐます。

［10］は第12章の「外来語」の章で、以下のような例を示しています。

亭主が鋏をとつて刈込みをやれば、お神は素早くお客の手にタオルを当て丶当世流行の爪掃除《マニキュアー》。（一九三三・四月号）。

一六一ページの写真でもわかりますが、どちらの例も、「マニキュア」をする人は女性、してもらうのは男性なのです。そして「マニキュア」の内容も現在のように、美しい色のエナメルを塗って爪をきれいにするのではなく、爪先をやすりで磨いたり、爪のつけ根をきれいにしたりする本当の爪掃除だったのでしょう。

婦人職業新戰線

▲花賣娘。
旅情《りよじやう》をなぐさめる優《やさ》しい花束《はなたば》。贈《おく》る人《ひと》、贈《おく》られる人《ひと》、ちよつとロマンチツクぢやありませんか。東京《とうきやう》驛《えき》のホームに近《ちか》頃現《ごろあらは》れた花《はな》賣娘《うりむすめ》。

▽デモンストレーター
ダツトサン小型《こがた》自動車《じどうしや》の賣込《うりこみ》宣傳《せんでん》をする仕事《しごと》。操縦《さうじゆう》から一切《さい》の知識《ちしき》を會得《ゑとく》して、これと目星《めぼし》をつけた家庭《かてい》を訪問《はうもん》してその手腕《しゆわん》を振《ふる》ふ。

▲スクリプター
映畫撮影所《えいぐわさつえいじよ》の婦人《ふじん》の新職業《しんしよくげふ》。カメラについて廻《まは》つて、撮影《さつえい》の順序《じゆんじよ》その他《た》の要點《えうてん》を書《か》きとめる役《やく》。

『家の光』昭和12年（1937）4月号

三七年四月号の「職業新戦線」は、1花売り娘、2デモンストレーター、3スクリプター、4．特許弁理士、5アナウンスガール、6薬学博士、7東京市電サービス嬢、8エアーガールの八種の新しい職業を載せています。このうち、2と7の説明を見てみましょう。

［12］デモンストレーター：ダットサン小型自動車の売込宣伝をする仕事。操縦から一切の知識を会得して、これと目星をつけた家庭を訪問してその手腕を振ふ。

［13］東京市電サービス嬢：回数券の配達、停留場《ていりうぢやう》での乗降の御案内、市民には大いに便利です。

［12］は今なら女性のディーラーでしょうか。「これと目星をつけた家庭を訪問してその手腕を振るった「デモンストレーター」はさぞかし売り上げ成績を伸ばしたことでしょう。［13］の市電はもはや見当たりませんが、今の電車の駅でこういうサービスをしてくれる人がいたら、どんなに助かることでしょう。

6

話しことばから見る人間関係——男性編

七〇－八〇年前の日本人は互いにどのように話し合っていたでしょうか。当時の会話をそのまま音声で聞ける資料は大変限られており、レコードになった首相の演説とか、トーキー映画の音声くらいです。ところが二〇〇一年七月、偶然にも戦前のラジオドラマ台本を七三冊手に入れることができました。小林勝という脚本家が脚色した、一九三六年から一九五五年までの間にＮＨＫで放送された台本の数々です。本物の音声による話しことば資料ではありませんが、その台本に基づいて実際に放送されていたことも調査の結果わかっていますので、かなり忠実に話しことばの現実が反映されているものと見ることができます。この台本集の中の特に戦前～戦中に放送されたものを元にして、当時の話しことばに迫ります。戦時中のラジオドラマですから、戦争がテーマに、戦場が舞台になるのがほとんどですが、そうした中での家族間や戦友間での話しことばを、会話の相手ごとに見ていきましょう。まず男性同士のものです。

◉父と息子

「戦塵挿話」という小林勝作・脚色のドラマの父と息子です。長男に召集令状が来る、その長男は二年前に家を出たまま居所がわからない、最近父は息子が刑務所にいることを知ったが、弟息子には告げていなかった、召集時期が迫り、ついに弟に告げるという場面です。

父：驚くなよ。
弘：何だい、お父つぁん。
父：兄の居所は判つて居る。
弘：えつ、何時《いつ》判つたんだい。
父：一月位前だ。
弘：何故それを早くいはないんだい。直《す》ぐ知らせてやらなくちや。
父：ところが呼びに行けねえ所にゐる。
弘：そんな馬鹿な事があるもんか。俺が行つてつれてくる。

父：弘、兄はな、刑務所に入つてゐるんだ。
弘：えつ刑務所に――。
「……」
父：今更仕様がねえ。――きくには話すなよ。何《いつ》れ判ることだけれども、あんなに兄をしたつて居るきくだからな。吃驚《びつくり》して病気にでもなるといけねえからな。
弘：うん、妹には話さねえ。
父：さうしてやつて呉れろ。

どこの地方かはわかりませんが、父親の「さうしてやつて呉れろ」という話し方は、どこかの方言のようです。それに対して息子の方は「直ぐ知らせてやらなくちや」「そんな馬鹿な事があるもんか」と東京語で話しています。若い人の方言離れが進んでいくありさまがこうしたやりとりでも如実に表れています。
また、息子が父親に敬語をいっさい使っていないことも注目点です。息子が父親に「何時判ったんだい」「何故それを早くいはないんだい」などタメ語で話しています。これも敬語の少ない方言だからこその会話です。現在でしたら、方言でなくても父親に敬語を使わない家庭が多くて、これで違和感がないのですが、当時の東京語でしたら、こういうことはありえないことでした。家の中では父親は絶対的な力を持っていて、母親も子どもも、敬語で話さなければならず、タメ語で話すことは許されませんでした。今回のドラマ台本には、そうした典型的な父と息子の会話が見あたらないので、代わりに小説の会話から父と息子の話し方を補っておきましょう。志賀直哉の『和解』(一九一七)の一節です。会話部分だけ記します。

父親「お前のいう事から聴こう。まさは彼方《あっち》に居るか?」
自分「居ます」
父親「それで?」
自分「お父さんと私との関係をこのまま続けて行く事は無意味だと思うんです」
父親「うむ」
「……」
父親「よろしい。それで? お前の云う意味はお祖母さんが御丈夫な内だけの話か、それとも永久にの心算《つもり》で云っているのか」

和解の場面ですから、特に堅苦しく思われるかもしれませんが、父親が常体で息子が敬体で話す二重基準のスタイルとしては一般的なものです。父親は家の中でこれほど、圧倒的に強い立場に立っていたのです。

◉兄と弟

倫理観の強い作品で有名な芹沢光治良の作品もドラマになり、放送されています。小説「鎮魂歌」を小林勝がドラマ化したもので、学業優秀・品行方正な兄といつも比較されて卑屈になっている弟が主人公です。弟は三年半の従軍の後、戦地から戻ってきて兄と会います。戦地にいる間に母親は病気でなくなっていて、その墓地へ行く話題になっています。

兄：いゝんだ。お前一人で行くことが一番いゝんだ。
弟：有難う、兄さん。あの時もその通りの事を仰有《おつしや》いましたよ。僕の心を見抜いてゐて下さつたんですね。

兄は常体ですが、弟は「仰有いました・見抜いてゐて下さつた」とレベルの高い敬語使用です。

兄弟も年が近くていつも一緒に遊んでいたような関係ですと、タメ語になりますが、少し離れると、弟の方はこの例のような他人行儀とも思われる敬語になります。

◉友人同士

一九三七年七月の北京郊外の芦溝橋での発砲事件で日中戦争が本格化したのですが、それを題材にした「芦溝橋」という大隅俊雄原作のドラマが放送されています。事件当日の、中国派遣部隊の内部の様子と、その情報が号外で飛び込む東京の平野家。中国と東京とのふたつの場面が交互に現れます。平野家の長男義夫とその友人の本橋啓二は応召先の中国で再会したり、その四年後にはまた平野の家で、今度はアメリカとの宣戦の詔勅に奮い立ったりします。まさに戦時色あふれるドラマです。以下は、中国の戦場で久しぶりに会った義夫と啓二の会話です。このとき、本橋啓二は軍医中尉に、平野義夫は軍曹になっています。

平野義夫：本橋中尉殿、平野軍曹であります。
本橋啓二：やあ、義夫君か、しばらく。
義夫：元気で……

啓二：おたがいさま。だがよくここまで戦つてきたなあ。さあこの部屋には誰もゐないから、階級をぬきにして、昔の友達同志にかへつてはなさう。

［……］

啓二：ほう、ここの警備に交代してくれたのか。それはありがたい。ぢやしばらくは、昔のやうに毎日顔を見られるといふわけだね。

義夫：つぎの命令がくるまではね。

啓二：それはすばらしいぞ。

親しい友人ですが階級が違うので、最初、義夫は啓二に敬体で話しかけます。啓二の方は友人でもあり階級も下の義夫に「やあ、しばらく」と常体で話します。このアンバランスに気づいた啓二は、「誰もゐないから階級をぬきにして、昔の友達同志にかへつてはなさう」と提案し、ここから二人の会話は常体になるのですが、これがないと、義夫は常体では話せないのです。後の場面では、親友同士でも少し厳粛な気分になると、敬体になる時もあります。

義夫：啓二君、これから九段にお参りに行きませんか。

啓二：うむ、行きませう。

散歩や買い物に行くのとは違い、決意も新たに神聖な場所、靖国神社へ向かうので、二人とも敬体で話しています。

次の二人は友人ではないのですが、同年配の男性の会話です。

一九四四年『朝日』に藤沢恒夫が連載していた「翼」という小説が、ドラマ化されて放送されました。このドラマには、相良杉風という日本画家と、香魚子・暁子の二人の娘、隣に住む実業家の岡川、その若き友人和倉、香魚子に思いを寄せる菱谷修平、修平の就職先の社長とその息子など、多彩な人物が登場します。

次の同年配の二人は、菱谷修平と、その勤める会社の社長の息子能村欣之助です。欣之助が修平に預けた鞄から、当時の統制経済下では自由に手に入らなかったのを、裏のルートで購入した牛肉、つまり、闇の牛肉が出てきて修平は一晩警察に泊められます。その翌日です。

欣之助：菱谷君、すまなかつた。僕は全く君に合はす顔がない。

修平：馬鹿野郎！。
欣之助：君の言ふ通りだ。僕は全く馬鹿野郎だ。潔く君の制裁をうける。
修平：よし、帽子をぬげ。

「すまなかつた」「君の言ふ通りだ」「帽子をぬげ」など二人とも常体です。同年配の男性同士だから、敬語は全く要らないわけです。「潔く君の制裁をうける」がこの時代らしい言い方です。現在では、「制裁」は「経済制裁」「制裁金」のような公的な場合に専ら使われています。ひところ、体育会系のサークルなどでリンチ事件というのがありましたが、このリンチは個人制裁とも言われます。サークルや組織の掟に従わない個人を、他の集団員が戒めと称して暴行を加えたのです。そのリンチ＝制裁のもとになる使い方をこの会話はしています。最近ではリンチということばはなくなり、陰湿ないじめに取って代わられました。その一方で、制裁も個人レベルのものから、規模の大きな公的な対象に向かって広がっていったようです。

もう一組は、ラヂオコメディと肩書きをつけられた「開墾騒ぎ」という作品に出てくる三〇代の三井君と岩崎君の友人同士です。三井の妹光子と岩崎夫人は町内の常会に率先して参加して、食糧増産のために町内の空き地を開墾する事を決めてきます。一方三井と岩崎は、多忙と称して碁を打っていて町内会の動きには冷淡です。でも、結局は、女性陣に押し切られて町内の道路を掘り始めるのですが、古い水道管を壊してしまい、水があふれて退散する、というコメディです。

岩崎：何処《どこ》かへ行くのか。
三井：うむ、出張だ。もうかへつて寝る。
岩崎：さうか、この碁も停戦か。
三井：残念だが仕方がない。

三井が碁を打つのをやめて帰ると言いだします。友人同士ですから、全く敬語はありません。「かへつて寝る」にしても「仕方がない」にしても、終助詞をつけて念を押したり、気分を加えたりして、よくいえば余韻を持たせ、悪く言えばあいまいにぼかすという技巧は全くありません。こういうきわめて単純明快な言い切り表現をみていると、「〜とかぁ」「〜みたい」「〜かも」などと、言い切らない表現の多い現在の話し方との違いに驚きます。こんなにスッキリ言い切れた昔が羨ましくもなります。

◉軍隊の中で

「芦溝橋」には、戦地での会話も出てきます。演習中の兵隊と隊長の会話です。

兵隊一：分隊長殿、本日の夜間演習もやはりこの河原でありますか。
分隊長：さうだ。ひろくて、邪魔者はないし、おあつらへむきの演習地だらう。
兵隊一：この付近は、どこもこゝも、もつてこいの演習地であります。
分隊長：お前達もさうおもふだらうな。実際この豊台付近は到る処演習地ならざるはなしだ。

「河原であります・もってこいの演習地であります」の「〜であります」は、軍隊ことばの一種として、戦後も軍隊を描く場面で盛んに使われました。「演習地ならざるはなし」はやはり古い言い方で、戦後の話しことばでは聞かれなくなっています。

「前進基地」という大林清の作品を脚色したドラマもあります。航空隊の出発と帰還を一喜一憂しながら待つ、まさに前線の基地での兵隊たちの会話です。

木暮中隊長：ほかに誰か希望者はないか。あつたら二名までつれて行く。
中園：中園が参ります。
山崎：山崎も参ります。
生方：中隊長殿。生方も連れて行つて下さい。
山崎：馬鹿、貴様は駄目だ。

中隊長の木暮の話し方は常体ですが、中園・山崎・生方は兵卒ですから、木暮には敬語を使います。山崎と生方は同輩ですから常体で、山崎は生方を「貴様」と呼び「貴様は駄目だ」と言い切っています。

次の場面は大内大尉と木暮中尉の間のもので、この階級の差がことばにもはっきり表れています。

大内大尉：生方へ来た手紙が、本部へまぎれ込んでおつたな。さうと知つたら、早く手配するんだつたが——。貴公仏へ読んでやれ。

木暮中尉：はあ。家からですな、承知しました。それでは――。
大内：まあ、一杯飲んでゆけ。どうせ今夜帰らんのなら、そう急がんでもいいだらう。

大尉である大内が中尉の木暮に「貴公」と呼んでいます。ここで、二人称「貴様」と「貴公」の待遇の違いがわかります。「読んでやれ」と命令形も使っています。木暮は大内に対しては、「家からですな。承知しました」とあくまでも敬体です。

基地には従軍記者もいて、その寺澤と生方の会話もあります。

寺澤（記者）：待ち給へ。君も今日言つたことを気にしてゐるんぢやないかい。
生方：そ、そんなことは――。
寺澤：いや失敬、つまらん事を聞いて勘弁して呉れ給へ。ぢやあおやすみ。
生方：記者殿、あんな事、下らん迷信です。

寺澤は三〇代の新聞記者ですから二〇代の生方には常体、生方は年上の新聞記者には敬体で話します。「待ち給へ」「勘弁して呉れ給へ」「失敬」などは、戦前よく使われ、戦後は使わなくなった表現です。

なお、軍隊では先の大内大尉の「読んでやれ」「飲んでゆけ」などのように命令形がよく使われます。命令形使用が上位者の特権だったのです。部下は、命令に対して「は。」「は。」と答えるしかありません。上司の一人称は「俺」、上司にとっての二人称は「貴様」です。これらはどんなことがあっても逆転できるものではありません。階級差とことば使用の差は並行線のままで、決して交わることはなかったのです。

◉隣人同士

同年輩の会話例に挙げた「翼」の登場人物、著名な日本画の画家とその隣人の岡川とは、料理を分かち合うほどの親しい近所づきあいをしています。しかし、どちらも頑固で戦争遂行についての固い信念の持ち主です。

岡川は戦地に赴く三人の従業員用に、必勝の文字と飛び魚の絵を相良画伯に依頼します。その画代を岡川が相良の家に届けたら、相良はそれを返しに来ます。そういう兵士への贈り物なら絵の代金はもらえないというわけです。

岡川：冗談ぢやない！。
相良：莫迦《ばか》な！。こちらこそ、そんな訳のわからぬ話はない！。
岡川：とにかく、お持ち帰り願ひたい！。
相良：いや、お断りする！。
岡川：あなたも随分わからぬ方ですな！。
相良：わからぬのはそちらだ！。
岡川：いやあなただ！。
相良：いやそちらだ！　老人を侮辱しなさるな！。
岡川：あなたこそ若い者に恥をかゝせないで頂きたい！。
相良：何が恥だ？。
岡川：何が侮辱ですか！。

錚々たる日本画の画伯と実業家岡川のどちらも後に引けない意地の張り合いです。さすがはインテリの口げんかで、「お持ち帰り願ひたい」「お断りする」「恥をかゝせないで頂きたい」など、言い争いながらも相手に対しては、きちんとした敬語を使っています。また、岡川は年齢が上の相良に対しては「随分わからぬ方ですな」「何が侮辱ですか」と敬体が混じります。ここで多用されている「あなた」は二人称の敬称として使われています。相良の「老人を侮辱しなさるな!」の「しなさる」はやはり、古い言い方で、老人らしさを出しています。ドラマですからこういう理詰めの言い方もできたと言えるでしょう。(ちなみに配役表を見ると、岡川は戦後に民芸を立ち上げた滝澤修、あの重厚な声ならこの台詞もおかしくないだろうと、変なところで感心しました。)

こうして、男性間の会話を見てくると、年齢、地位の上下ではっきり敬語の使用不使用が決まります。弟は兄に対して、兵隊の位の下の者は上の者に対して、敬語を使い、逆はありません。命令形もよく使われます。相手を呼ぶ呼称も「お前・君・貴様・貴公・あなた」など、今よりバリエーションも多いようです。

話しことばですから、読んでいて意味がわからないというような難しいことばはありませんが、相手による使い分けが厳しく、現在よりよりずっと窮屈な話し方をしていたと思われます。

7 話しことばから見る人間関係——女性編

前の章では男性同士の会話を見てきました。ここでは、女性同士、女性と男性のいくつかの組み合わせで、それぞれのことばを見ていきます。

◉夫と妻

「帰来曲」という小林勝作のドラマに出てくる夫婦の会話です。ドラマは、ラジオの台本作家吉田（三〇代）とその妻（二〇代）の葛藤が繰り広げられます。吉田の妻は、夫の作品がさらに放送されるように、放送局にハガキを出します。聴取者を装って、夫の前の作品はよかった、次作も取り上げてほしいと五枚も書くのです。下手な画策ではなく正面から自分の実力で認めてもらいたいと考えていた夫は、妻の行為を放送局から知らされて激怒します。妻が出先から戻ると、夫は出かける準備をしています。

妻：どうなすつたの？。
吉田：――。
妻：何処へいらつしやるの、トランクなんかお出しになつて？。
吉田：――。
妻：ねえ、どうなすつたの？。温泉へいらつしやるの？

妻は、「どうなすつた・お出しになつて・いらつしやる」と夫の動作については全部敬語を用いています。二年ほど経って、夫は、自分の成功を願うあまりの妻の勇み足だったと思い直して家に戻ります。妻が病院の付き添い婦などをして生計を立てて待っていたのを知って、夫が妻に謝るのですが、それもずいぶん横柄な言い方です。

吉田：心配をかけてすまん。
妻：い、え、私こそ。

吉田：患はなかつたか。

妻：え、、いま柴田さんがいらつしやいました、お会ひになりまして？。

妻は「お会ひになりまして」などあくまでも、敬語を使っています。「患はなかつたか」という問いも、やはり時代を感じさせます。脚本作家小林の自伝的ドラマのようにも思えるのですが、それにしても怒って出て行くのが夫というのは意外でした。小林勝という人は、激怒された夫に追い出される妻というような陳腐な設定にはしなかったのです。

この妻が化粧品を買う場面があります。その店のおかみのことばも今とは違います。

化粧品屋のおかみ：クリームでございますか、どんなのがよろしう御座いませう。

吉田の妻：どんなでもい、わ。

おかみ：さうでございますか、これなんか如何でせう。湯上りなんかにはよくのびますんで御座いますよ。

吉田の妻：さう、ぢや、それ戴くわ、公定価格ね。

「よくのびますんで御座います」は、今の店員なら使わない言い方でしょう。「公定価格」と

わざわざ言うのは、当時品物が足りなくて需要の方が多い場合に、闇価格という、プレミアムつきの値段をつけて売ることが盛んに行われていました。前の章の修平がつかまったのも闇の牛肉を持っていたからでした。そういう闇の値段ではないことの念押しのために、妻は「公定価格」＝定価と言ったのです。

湯浅克衛原作の「遥かなる地平」もラジオドラマになっています。その中の新婚の夫婦的野《まとの》と伊久子の会話です。

妻：貴方、トランクの中に注射箱が入つてます。

夫：よし、持つて行くから、柴田と二人で先へ行つてて呉れ。

と、やはり、妻は敬体で、夫は常体です。

もう一組、小林勝作「五萬圓の旦那様」というドラマの、六〇代の夫と、五〇代の妻の会話です。

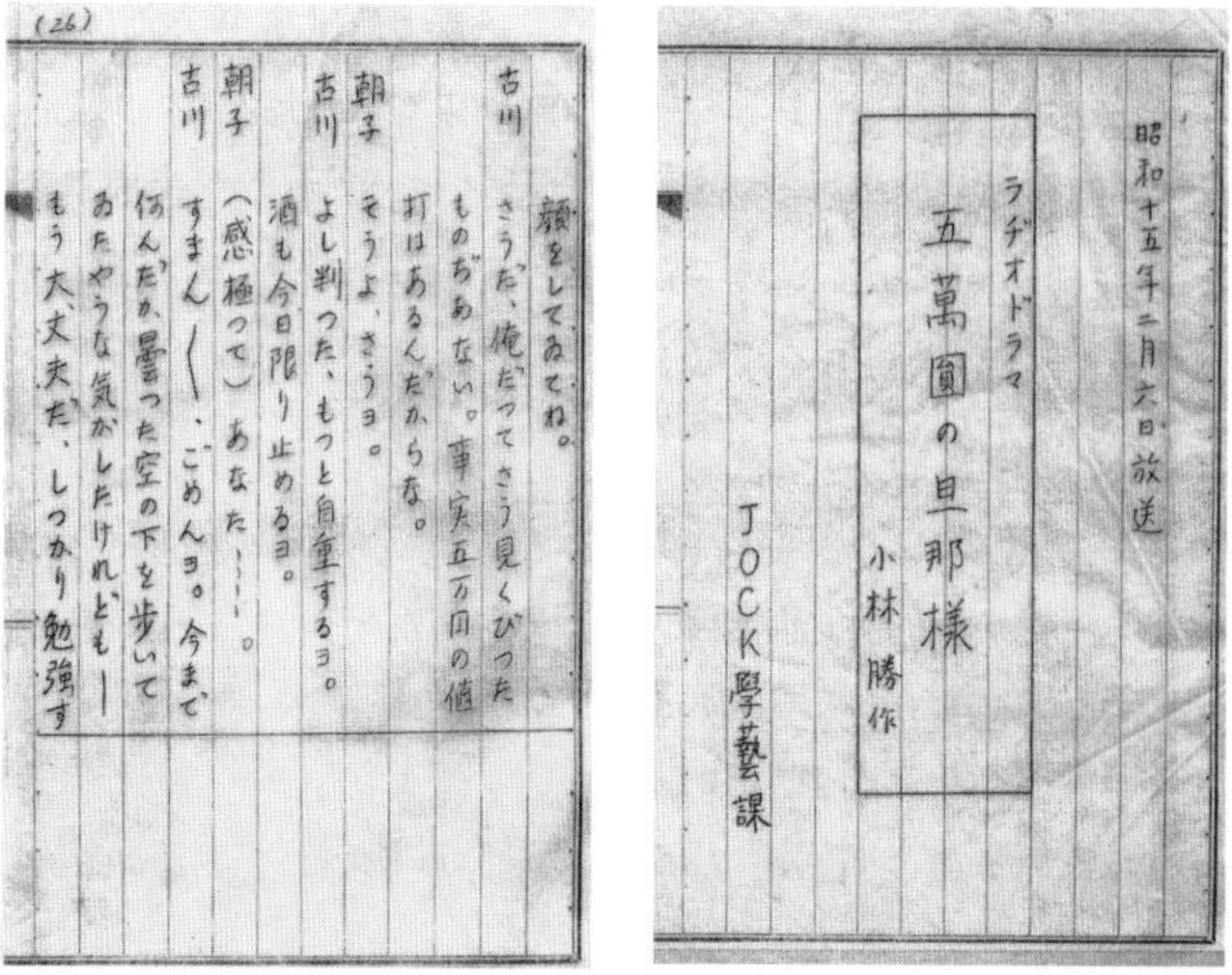
昭和十五年二月六日放送
ラヂオドラマ
五萬圓の旦那様
小林勝作
JOCK學藝課

(26)
顔をしてゐてね。
古川　さうだ、俺だつてさう見くびつたものぢあない。事実五万円の値打はあるんだからな。
朝子　そうよ、さうヨ。
古川　よし判つた、もつと自重するヨ。酒も今日限り止めるヨ。
朝子　（感極つて）あなた……。
古川　すまん〳〵、ごめんヨ。今まで何んだか曇つた空の下を歩いてゐたやうな気がしたけれども――もう大丈夫だ、しつかり勉強す

小林勝「五萬圓の旦那様」台本

妻：何と仰言つても私は起きませんヨ。
夫：仲々頑強に抵抗するネ、それぢや一ツこつちも作戦を変へよう。
［……］
夫：婆さん、――火はまだか。
妻：まだですヨ、そんなに急に火が起きるものですか。

妻は夫の動作に「仰言《おつしや》る」と尊敬語を使い、自分の側には「起きません・まだです」と必ず丁寧語を使います。夫は「抵抗する・まだか」のように一切敬語は使いません。しかも、五〇代の妻を「婆さん」と呼んでいます。どんなに平均寿命が短かったとしても、五〇代で「婆さん」はひどいです。念のため言い添

えますが、この夫婦にはまだ孫はいませんから、妻は夫を「おじいさん」とは呼んでいないのです。

◉若い男女

前の章でも、たびたび引用した「翼」の登場人物です。日本画家相良杉風の娘の香魚子と、かつてその画家の弟子だった菱山修平が五、六年ぶりで再会する場面があります。

香魚子：お陰で父も達者にしてゐますわ。修平さん、従軍してゐらしたんでせう？
修平：うむ、報道班員を志願して、主にジヤワにゐたんだが、どうして知つてるの？。
香魚子：新聞や雑誌に出てゐた向ふのスケッチを拝見したわ。
修平：あゝさうか。
香魚子：今度の陸軍美術展覧会で賞をお貰ひになつたのね。おめでたう。
修平：やあ、何でも知つてるんだね。

香魚子は、修平の動作に対しては「従軍してゐらした・お貰ひになつた」と尊敬語、自分の行為に対しては「拝見した」と謙譲語を使っています。修平は一切、敬語は使いません。「父も達者にしている」という言い方も、時代を感じさせます。修平は自分のことを何も知らせていないのに、香魚子がなんでも知っているのに驚きます。そこに香魚子の修平に対する思いが込められていることも気づきません。今から見れば身勝手で能天気な男性となるのでしょうが、当時はこういうのが標準的でまっとうな青年だったのです。

◉父と娘

里村浩二作・小林勝脚色の「石油」というドラマの父娘です。もっともっと石油を発掘しないとアメリカの物力に抗し切れないということを、アメリカ帰りの青年夫婦が乗った自動車がガソリン切れで立ち往生する、豪華客船が燃料不足で動かなくなるなどのエピソードを交えて主張しています。娘は女学校在学中、父親は退職しています。

娘（春子）：お父さまはどうして八田さんをお嫌ひになるの。昔のお友達ぢやありませんか。

父：友達なもんか。同級生だつたといふに過ぎん。

娘は父親に「お嫌ひになる」と敬語を使います。「お嫌ひになるの」では、文末は常体ですが、全体の文末は「お友達ぢやありませんか」と、敬体でまとめています。父の方は、「友達なもんか。……といふに過ぎん。」と強いことばで言い切っています。

次の「古戦場」というドラマの娘は父親に対してもっと丁寧な敬語を使っています。このドラマは、一七、八年前に中国に出征していたとき、ある農村で捨てられている赤子を見つけた兵士が、日本に連れ帰って自分の娘として育てる、その兵士は帰還後目の病気を得て失明してしまう、成長した娘に伴なわれて、昔 戦闘に加わったその土地を再訪する、娘はその地で自分の素性を知る、という設定のドラマです。

娘（蘭子）：お父様はどうして此の土地に執着をお持ちになるのでせうか。
父：儂はね、戦友の眠つてゐるこの土地で眠りたいのだよ。
「……」
父：そんなに日本に帰りたいなら、お父様も一所《ママ》に日本へ帰らう。
娘：わがまゝ申上げてすみません。お父様、蘭子はいけない子でございますわね。

「わがまゝ申上げて」「いけない子でございますわね」など、蘭子は、レベルの高い敬語を使っています。「石油」の春子が庶民の娘とすれば、蘭子はもう少し高い階層の家庭で育った娘として設定されています。

◉母と娘

夫婦のところで取り上げた「五萬圓の旦那様」の母と娘です。娘 朝子は、夫 古川の会社での出世願望もない無気力さが気になって、実家に訴えにきます。

母：毎晩酒を飲んで帰るつて?。
娘：えゝ、毎晩よ。ひどい時は十二時過る事さへあるんですもの。
母：それで何《ママ》にかい。古川さんが帰るまで、お前は起きて待つてるのかい。
娘：えゝ、要心《ママ》が悪いし、仕方がないんですもの。

母親は「～かい」という、男性の使う文末詞とされる、ぞんざいな終助詞を繰り返し使います。娘は「ですもの」で敬体をくずしません。「〜かい」は、かなり庶民的な家庭の母親だけかもしれませんが、母親が常体で、娘は敬体という二重基準は、父と息子の場合と同じく崩せないものだったのです。

◉兄と妹

前章の友人同士のところで紹介した「開墾騒ぎ」に出て来る、ジャーナリスト岩崎（三〇歳くらい）と妹光子（二〇歳くらい）の会話です。光子は万葉集の和歌が好きで、和歌に蘊蓄があります。

光子：兄さんは駄目ね、冬ごもりといふのは春の枕詞よ。冬の景色をいつてるんぢやなくつてよ。
三井：へえ、さうかね。

兄が生半可の知識で和歌を持ち出したばかりに、妹に逆襲される場面で、妹は敬語は一切使いません。夫と父には敬語を使ってきた女性も、兄とは常体で話すのです。

やはり前章で紹介した「芦溝橋」にも、兄と妹の会話が出てきます。兄は間もなく出征する軍人、妹は女学校を卒業したばかりです。

光枝：私も戴かうつと、まあ、よく冷えてゐるわ。
義夫：僕のぶんを飲んだのか。
光枝：失礼、おさきに。
「……」
光枝：ぢや、お兄さんはおひやでがまんしてね。
義夫：ひどいやつだ。そのかはり、僕のぶんを君がこしらへてきてくれ。

跳ねっ返り娘という設定だからでもありますが、兄の紅茶を飲んでしまうし、冷えた紅茶はもうないと母に言われると、兄に水で我慢するように言う元気な娘です。そのため、敬語は「お先・お兄さん・お冷や」のような丁寧語は使いますが、文末は常体です。「戴く」も、もともと謙譲語ですが、一般に食べ始める前のあいさつとして「戴きます」というように、謙譲語の意識は薄れて「食べる」の丁寧語として使われています。

◉母と息子

芹沢光治良の「鎮魂歌」の母と息子の会話です。優秀な兄の影になって、だれからも認められない弟が、父親にひどく叱責され、反発して家を出る決心をします。弟息子をかばいたいのですが、夫の手前それもできない母親は家出を思いとどまらせようとします。

息子：何時《いつ》家を飛出《ママ》さうか飛び出さうかと思つて僕はそれでも一年我慢しましたよ。もう迚《とて》も我慢出来ません。

母：そんな事を言ふものぢやありません。東京へお帰りなさい。

息子：い、え断じて帰りません。

息子は母に「我慢しましたよ」「我慢出来ません」と敬体ですし、母親も「そんな事を言ふものぢやありません」と敬体で応じます。他人行儀のようですが、これが普通の母と息子の会話だったのです。ただし、息子も年齢が低いとタメ語で話します。先の「芦溝橋」の、中学生の息子と母親の会話にその例が見られます。

息子（猛・中学生）：おいしさうな水密《ママ》だなあ――。
母：水密《ママ》の汁を着物につけるんぢやありませんよ。洗つても仲々おちませんから。

中学生の息子は、常体で話していますが、母親は敬体です。「水密」とは「水蜜《すいみつ》」の誤記ですが、桃の一種に「水蜜桃」というのがあり、それを短縮した語が「水蜜」でした。

猛の兄の義夫と母親の会話もあります。

母：お母さんも簞笥のものを売つてしまひましたよ。
息子（義夫）：つひに売りましたか。

成人して今や軍曹になった息子は、母親に対してはいつも敬語で通しています。「簞笥《たんす》のものを売った」というのは、かんざし・指輪・帯留めなど貴金属品を、政府に献金するために手放したということです。貴金属品は贅沢品で「ぜいたくは敵」という時代でもありました。

ここまでの女性の会話で現在と違う点をまとめてみます。夫婦間では、夫と妻とは対等な話し方はしていません。必ず妻は敬語を使うのですが、夫は敬語は使いません。息子と母親でも、母親は息子に対して敬語を使います。母と娘の場合は、母親は敬語を使いませんが、娘は母親に対して敬語を使って話します。女性が常体で話すのは、商店の客になったときか、兄弟や娘と話すときくらいで、夫に対しても、恋人に対しても、また息子に対しても敬語を使わなければならなかったのです。

II

8 広告宣伝文・その1——化粧品と薬

昭和の雑誌や新聞の広告も今とは、ずいぶん違っていました。全体的に見て、絵や写真のスペースと文字のスペースの比率では、文字の占める比率の方が多く、また、広告文の中の文字の大きさは、現在のに比べると、はるかに小さいようです。現在の広告は、戦前のに比べてずっと、派手になっています。一言で言えば、戦前の広告が「読む」ものであったのが、最近の広告は「見る」ものに変わったと言えましょう。宣伝文そのものも、かなり違っています。用語の選び方だけでなく、文章も今とは違います。読むのが辛いほど、難しい漢字や漢語を並べたものもあって、そういうのを読むと、宣伝する側の宣伝に対する意識が今とは大きく異なっていたことがわかります。

ここではまず化粧品と薬品から見てみましょう（以下の引用は新聞名のないものは『家の光』

からです）。

◉化粧品の広告文

まず、男性化粧品ポマードです。

良きポマードを夫に勧むるは妻の務めであらう
悪い、臭いポマードは夫の社交上の地位を低める、吟味されたるウテナポマードは確に最高級であることを誇り得る。
ウテナポマード　（一九三三・五月号）

男性は自分で化粧品など買うべきではないという時代でした。良い化粧品を夫に勧めるのが妻の務めなのです。ポマードの香りがよくないと、夫の地位にまで響くのですから、妻も大変です。「妻の務めであらう」は、形は推量形ですが、実際は強い意思の表明ですし、最後の「最高級であることを誇り得る」と断言しているあたりは、ちょっと重々しさもあり、威張った感じさえします。読者にすり寄る姿勢は全くみられません。

お次はクリームローションヨン。

明色クリームローシヨン　　　粉化粧の仕方が一変した
従来の化粧下クリームとはお化粧の美しさもモチも違ふ
従来の化粧下クリームは皮膚と白粉の間にうすい膜をつくつて肌のツヤを消してゐました、
それで粉化粧が不自然な白さになり、またすぐくづれたのです。
新時代の化粧下　クリーム・ローシヨンは
新しく出来た明色クリーム・ローシヨンは粒子がずつとこまかくて牛乳状になり、つける
とすぐしみこんで膜にならないのです、ですから白粉がぴつたり肌になじみ、肌のツヤが
そのまゝあらはれてトテモ生々した美しい化粧になるのです。
粉化粧はクリーム・ローシヨンの時代です。
一個八十六銭（税共）（一九四一・七月号）

「化粧の仕方が一変した」「従来の化粧下クリームとはお化粧の美しさもモチも違ふ」などと、

ウテナポマード
良《よ》きポマードを夫《をつと》に勸むるは妻《つま》の務《つと》めであらう
惡い、臭《くさ》いポマードは夫《をつと》の社交上の地位を低める、吟味《ぎんみ》されたるウテナポマードは確に最《さい》高《かう》級《きふ》であることを誇《ほこ》り得《う》る。
純植物性
全國百貨店有名化粧品藥店に有り
東京 久保政吉商店

『家の光』昭和８年（1933）５月号広告

見出しやキャッチコピーはずいぶんぶっきらぼうな書き方です。しかし、従来のクリームとの違いを強調するための文章は、懇切丁寧な書き方です。従来のクリームは皮膚と白粉の間に膜を作ったが、新時代のクリームは〜だから膜を作らない。だから肌になじんで良いと、詳しく説明しています。こういう文章をちゃんと読む人がいたということですね。

次は、化粧品と薬品の中間のような製品でニキビ・ソバカスの薬の広告です。

山田医学博士／強性美白剤　ハクリ
絶大な評判／今では南支北支から続々注文
つけてビックリ　ニキビ・ソバカスの専門薬／博士自ら調剤した責任薬［……］
ニキビならどんなニキビでも一週間で効果を現はし自分で惚れぼれするやうな綺麗な肌になります。ヌソバカスは、一瓶で色白く綺麗になります。（一九四〇・七月号）

一週間でニキビがとれ、一瓶でソバカスがなくなる、というのは本当でしょうか。今の広告にはこういうことを書いてはいけないことになっていますが、当時は誇大広告などということばはなかったのでしょうか。

◉医薬品の広告文

以下は本当の医薬品の広告です。

咳嗽　嗄声　咽喉痛　独逸バイエル製
コリフィンボンボン　本品は佳味にて緩和、爽快、危険性成分なく、最も古くより信用ある咽喉疾患治療剤として周知なり（朝日　一九三七・一・九）

「咳嗽・嗄声・咽喉疾患治療剤」などずいぶん難しい漢字語がルビもつけられずに並んでいます。戦前の新聞を読む人たちはこういう文字が読めたのですね。なお、咳嗽《がいそう》・嗄声《させい》は最近介護福祉士国家試験にも出されて難しすぎるといって問題になったことばです。医学的な専門用語としては今も生きているわけです。ここでも、この薬は「一番古くから喉の治療薬としてよく知られている」というだけのそっけないものです。だから買いましょうとか、試してくださいとかは言いません。言わなくてもわかってもらえるという床しさなのでしょうか、あるいは、そこまで言ってしまうのは野暮だという美意識の表れでしょうか。

説教され命令されているような広告もあります。

高血圧　動脈硬化は危機の警告　動脈硬化＝不眠＝目まい＝肩こり＝動悸、／舌もつれ＝耳鳴＝息切＝指先しびれ＝便秘、性欲、視力、脳力減退＝根気欠乏等を覚ゆる人は血圧亢進の結果である、直ちに警戒治療せよ　（朝日　一九三七・六・二八）

性欲・視力・脳力が減退し、根気がなくなる、こう何もかも高血圧のせいにされては高血圧も気の毒です。これらの症状がある人は「直ちに警戒治療せよ」と命令されています。こういう命令形で宣伝文としておかしくなかった、命令されるのはいやと反発する人もいなかった、ということなのでしょう。

こちらは講義調です。

栄養素と消化酵素

―タカヂアスターゼ―　消化酵素　澱粉の消化経路を辿って見ると、先づヂアスターゼにより麦芽糖にまで分解される（一般ヂアスターゼの作用）次にマルターゼは麦芽糖を葡

葡糖に分解するが　タカヂアスターゼは強力な澱粉消化酵素のみならずマルターゼ其他の各種消化酵素を含有する故一気に葡萄糖化せしめ得る性能を有す。消化不良症、胃部停滞感、胃痛　（朝日　一九四〇・四・二五）

広告というより、生物か薬学の講義を聞いているようではありませんか。こういうのをじっくり読んで、なるほど、それなら、タカジアスターゼをひとつ飲んでみようと、そう思う読者がいたということですね。

もうひとつ、やはり難しいのをご紹介しましょう。

積極的強壮剤　**ビクラ**　ビクラは神秘的強壮作用あるコラエキス、アルゼン、燐、マンガン等を含有し、身体の新陳代謝を良化し、倦怠無力状態を一掃して衰弱せる脳神経を鼓舞強盛し、病的組織を破壊して健康組織の再成を促し、諸臓器に潑剌たる活力を賦与し、血液循環の整調・食欲の増進・エネルギーの増大等に作用する飲み易き積極的強壮剤である。糖衣錠と液剤あり。（一九四一・九月号）

「倦怠無力状態を一掃・衰弱せる脳神経を鼓舞強盛・諸臓器に潑剌たる活力を賦与」と難解な用語に漢文調の硬さ、それに「ビクラは」から「積極的強壮剤である」までの一文の長いこと。家庭雑誌の読者もずいぶん、漢字能力・文章読解力が高かったのですね。最後の「糖衣錠と液剤あり」も、威張った物言いに聞こえます。広告はお願いするのではなくて、事実をはっきり言うだけ、ということだったのですね。

やせたいとか、ダイエットしなくては、の声が氾濫する現在からは想像できませんが、戦前はやせていて太りたいという人が多かったようで、太るための方法や薬剤の広告もあります。

腸の掃除で――瘦体《やせたからだ》が嫌でも肥る新発見　［……］本文の表題の文字〝腸の掃除〟なる言葉は、どなたもよく玩味して頂《いた》だきたい。これ健康の根本であります。一回の服用で菌数では何千万個の生きたイースト菌がのみくだされますが量は錠剤ぐらひでのみよく、瓶詰は暗所に保存したら宜しくあります。新鮮イースト菌の入手法は次を読まれたら分明いたします。新鮮イースト菌は宮内省御用達研究所製品だから安心申込あれ！　（一九四〇・一一月号）

イースト菌をのむと便通が良くなり、食欲が出て肥るようになる、ということらしいのですが、「量は錠剤ぐらひでのみよく」「暗所に保存したら宜しくあります」「次を読まれたら分明いたします」は、普通の日本語としては読んでいてひっかかります。「宮内省御用達研究所製品だから安心申込あれ！」は、「〜だから」と日常語を使いながら「安心申込あれ」のような古い形の命令形を使っていてバランスが取れていません。大陸へ進出しているときですから、大陸や南方で使ったり教えたりした日本語の影響があるのかもしれません。宮内省御用達研究所製品というのも、何か怪しいですね。「宮内省御用達研究所」などという研究所が公的な組織としてあったとは思われませんから、民間で、権威付けのために適当につけた名称でしょうが、信じやすい読者だったら、ころりとだまされそうですね。

太平洋戦争が始まると、大変勇ましくなります。

糖衣　理研　ビタミン球　　戦ひ抜かう／大東亜戦！　米英に最後のトドメ刺すまでは断乎がんばり通さねばならぬ。病気にならぬやう常に抗病ビタミンと言はれるビタミンＡＤの補給に心掛けませう。一〜二月量（六〇球）二円五〇銭　（一九四二・六月号）

「断乎がんばり通さねばならぬ。」と強い決心を述べたあとで、「病気にならぬやう常に［……］補給に心掛けませう」とトーンダウンしているのがおもしろいです。なお、ここでは錠剤を「〜球」と数えています。そういう数え方もあったことがわかります。

同じように勇ましいコピーは、この章の最初に登場した「ウテナポマード」のライバル　丹頂チックのポマードの宣伝文にもありました。

無駄の再検討

あらゆる無駄を征服して長期戦に備へよふ　時間の無駄物質の無駄はソコラ、に無数にある

丹頂チック（朝日　一九四一・三・二八）

「無駄を征服して長期戦に備へよふ」という戦時中のスローガンそのままの広告です。丹頂チックを使うと、無駄が省けるということなのでしょうが、丹頂チックそのものが無駄だ、ととる人はいなかったのでしょうか。少し心配になります。

ざっとみてわかるのは、戦前の広告宣伝文のほとんどは、現在のよりも文字とことばが多かったということです。イラストも入っていますが、その文章との割合が今よりずっと低いので

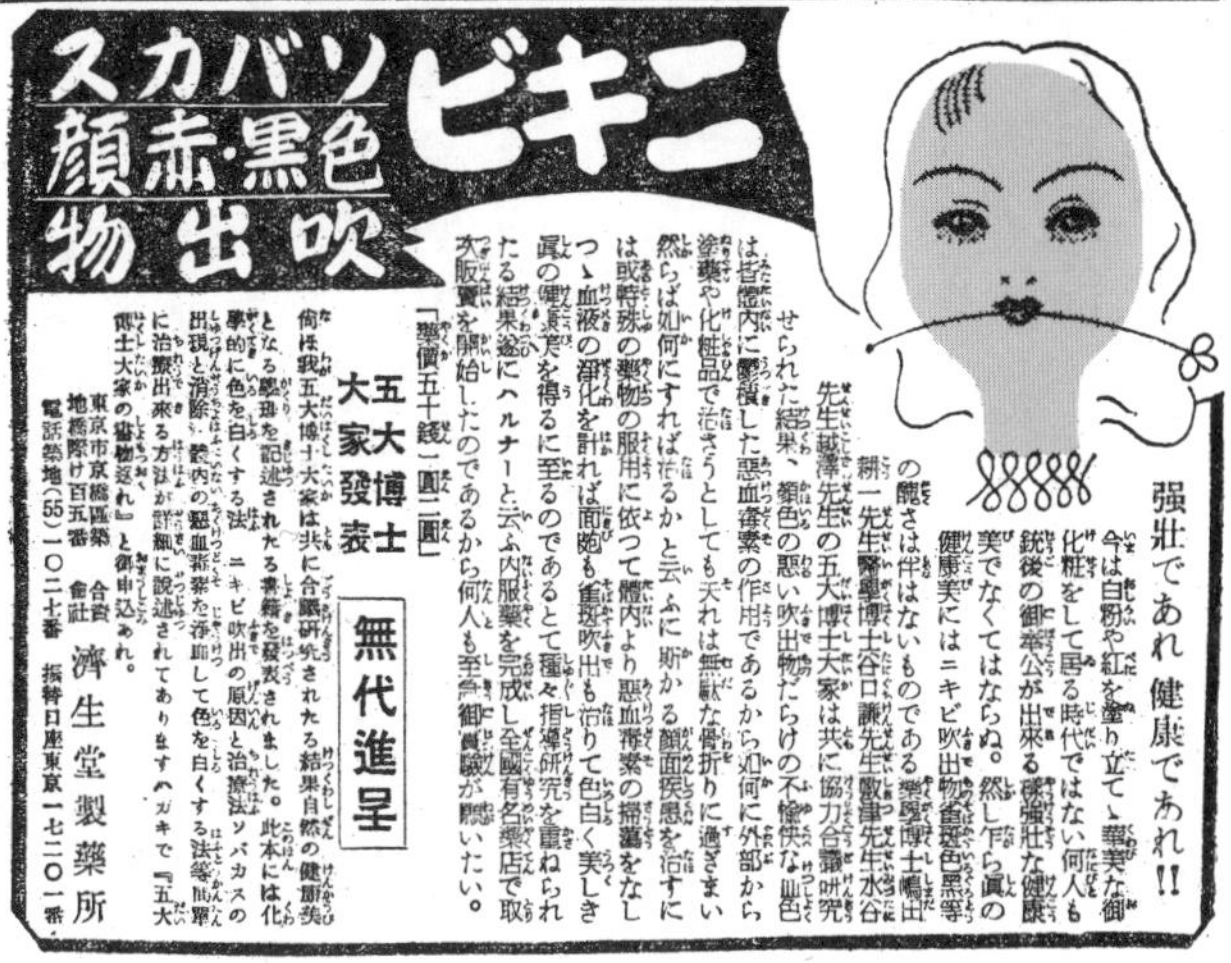

『家の光』昭和 16 年（1941）7 月号広告

す。文字ばかりという広告文も少なくありません。それだけ、戦前の人の方がよく文章を読んだ、ということでしょう。じっくり読まないと宣伝の内容がわからないのが多いし、ざっと読もうとしても難しくて読めない漢字も使われています。テレビのなかった時代ですから、映像で視覚に訴えるという宣伝方法がなかった、文字とことばによって人々に知らせなければならなかった、だから、文章が説明調になるものが多かったということなのでしょう。新聞・雑誌読者に限ってのことですが、戦前の読者の方が、一般に漢字能力が高かったようです。また、細かい文字でびっしり書いてある宣伝文もよく読まれたようです。きっと今の人より、読解力も高かったのでしょう。忍耐強かったとも言えましょう。後世、活字離れに悩む教育者が出るなどとは想像もつかなかったことでしょう。

9 広告宣伝文・その2——背を高くしよう、学問を身につけよう

前章の広告が商品を広め、売るためのものであったのに対して、この章はいわば、自分への投資を勧める広告を集めたものです。外見を良くし、資格を取り、教育を受けて自分の価値を高めなさいとあおり立てる宣伝文です。現在のはるかに多様化した資格取得広告のさきがけ的なものも見られますが、やはりその書き方が、時代の違いを感じさせます。当時の人生指南の一環として読むのもおもしろいかもしれません。

◉背を高く見せる広告

一九三一年から三三年にかけて、『家の光』には女性の背を高くする仕掛けの広告が続いて出ています。それを使えば背を一寸（約三センチ）以上伸ばすことができるというのです。同

じ製品の広告ですが、三年の間にコピーもイラストも変わってきています。初めのコピーはかなり露骨です。

誰れでも二寸はスラリと／背《せい》を高くする新発明／山本久栄女史推奨
○身丈の低いは一生の損
容貌が人並以上であつても、背が低くては本当にお気の毒なほど人から見さげられます。それに折角道を歩いても、乗物にのつても何時《いつ》もどんなにか負け目《ひめ》を感ずることでせう。着飾つた晴着も少しも引きたたず一生の内でどれほど損をするか分りません。[……]

（一九三一・二、三、四、五、七月号）

「身丈の低いは一生の損」という見出しの下に、「容貌が人並み以上であっても、背が低くては本当にお気の毒なほど人から見下げられ」、外に出ると本人もいつも引け目を感じているし、着飾っても引き立たないから一生損をするのだと決めつけます。ここまで言われたら、それだけで反発を食いかねない、今だったら大変な逆効果のキャッチコピーです。当時でもさすがにこれはまずいと思われたのか、翌年になると文章が変わります。

同じ和装の二人が並んで立っている写真です。一方は元のままで、もう一方はその仕掛けを入れて背を高くした方の写真です。

姿を美しく背を高くする近代的装身具　ファインゴム
こんなに背が高くなります。この写真を御覧下さい！
主婦之友 婦人クラブ 婦人公論 で大好評のモダン装身具!!　ファインゴム
◇御使ひ方
二三分大きい足袋へ入れて人目に立たず、手軽に使えます。歩くにも楽で足を温めます。
（一九三一・二～五月号）

劣等感をあおり立ててその商品を売ろうとするのではなく、こんなに背が高くなりますと実際例を見せて写真に語らせています。背を高くするだけでなく保温効果もあるというのです。その翌年の広告ではこの〝使用前・使用後〟の写真は消えます。一人の和装の女性がその仕掛けをもってにこやかに微笑んでいます。

すつきりと背を高くし／すらりとよいお姿を作る　近代的装身具　フアインゴム
手軽に足袋の中に入れて使用出来ます　歩き心地よく足をあたゝかに人目につかず
百パーセント実用モダーン装身具として白熱的好評
(一九三三・三月号)

「実用モダーン装身具」なのです。そして「白熱的好評」と自賛しています。このあたり現在の「絶賛・激賞・大好評」などの大げさな言葉づかいの先駆者かもしれません。翌月の広告はまた変わりました。

背を高く姿をよくする新装身具　フアインゴム　「美装の素」フアインゴム
「もう一寸か二寸せいが高かつたら」……そんな御心配御無用です。スグフアインゴムを御使用下さいませ！　すつきり……と……すらりつ……と見違える程御姿をよく、せいも一寸以上必ず高くなることを御請合致します　いろいろの雑誌新聞紙上で理容大家……遠藤波津子女史、山本久栄女史、山野千栄子女史にその効果と手軽な用法について御推奨を頂ゐて居ります　――使用法――　御常用より二三大形の足袋の中に入れて楽に使えます。人目につかず足を温め、歩くに却つて楽です
(一九三三・四月号)

『家の光』昭和７年（1932）２月号広告

「すっきりと」「すらりつと」などオノマトペの使い方が効果的になってきています。最初の広告では「誰でも二寸は」（六センチも！）伸ばせるということでしたが、ここでは「一寸」になり、効果は半分になりました。誇大広告への反省でしょうか。遠藤波津子、山野千栄子など戦後に活躍した美容家の名前も見えます。美容の専門家にお墨付きをいただいたということなのでしょう。こういう広告が毎号載ったということは、当時の身丈の低い女性がなんとかして背を高く見せたいという希望が強かった、裏返して言えば、身長が低いと不利になる局面が多かった、ということなのでしょう。背を高く見せるこの装置は、溺れる者の摑む藁のようなものだったのかもしれません。

◉資格取得・勉学の勧めの広告文

戦前の教育制度は、義務教育が小学校六年間だけ。小学校を卒業すると①男の子は中等学校、女の子は高等女学校にそれぞれ進学する、②小学校の上に設置された高等科で二年間勉強する、③卒業と同時に見習い工や女中奉公という形で社会に出る、の進路がありました。勉強の好きな子・向学心のある子はだれでも①の道を希望しますが、それがそう広い道ではなかったのです。ほとんど公立ですから学校の数も多くなく、汽車もまだ国の隅々までは開通していない時代に、田舎の子どもたちが家から通えるところにはなかったり、町の子どもでも家が経済的に苦しくて学費が払えなかったりで、中等学校・高等女学校への進学率は一割に満たなかったのです。勉学の意欲に燃えていても、家庭の事情が許さなくて、進学を諦めざるを得なかった子どももたくさんいました。成績優秀で、本人も小学校の先生も中等学校進学を望むのに、親はどうしても許さず、泣く泣く奉公に行く、という少年を主人公にした物語などもたくさん生まれました。それほど国中が貧しい時代でした。そうした恵まれない境遇の少年少女に、勉学や資格取得の機会を提供しようとする広告を拾ってみます。


飛行家志願の諸君よ！　／早く成功したければ本書を見給へ!!

総《すべて》の職業が行き詰まつて此の就職難の時代に、飛行界のみは前途洋々として不景気なし。実に飛行界こそ諸君の進む可《べ》き所である。［……］逓信省航空局の久保田勝義氏著の飛行家志願者宝典さえ見れば、何から何まで完全に解《わか》り、金のない者、小学校卒業者でも安全に目的を達する事が出来るので、本書さえ見れば決して失敗する事はないとまで言はれて居る。現在の飛行家は皆、本書の方法で目的を達せられたのだ。

逓信省航空局　　久保田勝義著　　飛行家志願者宝典　（一九三一・一〇月号）

「何から何まで完全に」「本書さえ見れば決して失敗する事はない」「現在の飛行家は皆」などそんなに言い切っていいのかと不安になるような断言続きです。「諸君よ！」と呼びかけ、「早く成功したければ本書を見給へ」とあおるのもストレートでわかりやすい。

航空機が輸送用・戦闘用の両面で飛躍的な発展を遂げる時期です。パイロット志願者も多くなってきていたのでしょう。ただし、この本を読んだら、極めて高度な技術を必要とするパイロットに必ずなれるかのような広告文は、今なら虚偽の広告として取り締りの対象になるのではないでしょうか。

井上英語講義録
立身への捷径《ちかみち》／此春《このはる》こそ英語を／ＡＢＣから
○社会全般に好況が望まれる昭和八年以後の日本!!
○どの職業でも英語を知らねば立身は愚か地位も危《あやう》い
○学歴は小学卒業でも、英語を知れば貴君《あなた》の前途は洋々
○此春こそ決心の仕処《しどころ》!!　即刻自宅で英語独習を始め給へ　（一九三三・五月号）

英語は立身の近道で、英語を知らないと地位も危いというのです。「地位も危い」というあたり、今でもそっくり通用しそうです。というより、八〇年前からずっと同じ状況だったというのを、どう考えたらいいか、悩ましい問題です。

この広告はその後も続きますが、6月号では「立身の捷径《ちかみち》」が「立身の首途《かどで》」となり、少し違っています。このあとはずっと「首途」になります。まずスタートしなければ話にならないわけです。出発してから探すのが「近道」ですから。それだから、「即刻自宅で始め給へ」と命令します。短い文を畳み込みながら歯切れ良く、勧めています。

次は新聞に載った別の英語講座の勧めです。

研究社／英語通信講座

ＡＢＣの読方から十五月で完成!!

一々例を挙げる迄も無く英語の必要さはあらゆる人々が痛切に感じてゐる筈だ。向上進歩に何の逡巡《ためらひ》が要らう！　即決、日本一の本講座に来《きた》つて易々英語実力を摑み、颯爽《さつさう》明朗な生活へ！　大家の講義は親切無二、而《しか》も最廉!!」

（朝日　一九三七・六・二八）

「向上進歩に何の逡巡が要らう」と反語で攻めてきて、「即決」を促しています。一五か月で何が完成するのでしょうか。

しかし、これほど英語の重要性を説き、学習をあおっておきながら、この後は英語習得を勧める広告は姿を消します。アメリカとの戦争が始まり、英語は敵性語になってしまったのです。

英語だけでなく総合的な上級教育を受けたい、中学校・女学校へ進学したいのにできない、そう嘆く若者もたくさんいました。「中学講座」「中学校女学校へ行かれない人の為めに」「働きながら中学を卒業!!」「中学講義録」のような広告が、『家の光』には毎号出ています。一九三五年一月号の中学講義録はこんな調子です。

最新中学講義録
今や入学の絶好機　一年の計は一月にあり
無学は男の恥　自宅を学校に、僅か一ケ年で卒業が出来る
[……]

◇入学すると毎月四冊づつ送本して勉強させるから自宅にゐて家業の傍ら中学校に通学して勉強するのと少しも変らない様にヤス〳〵と中学全科が修得出来る仕組である。その上いろ〳〵な大特典が沢山ある。
満天下の独学青少年諸君よ、いまこそ躊躇なく此の完備せる理想的最新中学講義録に入会して将来立身成功の基礎を作りなさい。機会は二度と来ない！
見本一冊進呈　ハガキで申し越し次第見本付規則一冊スグ無代で進呈す、後では忘れますから今スグ御出しなさい。

東京市牛込台町　大日本通信中学校

本当に一年で中学の全教科が修得できるのかと疑問もわきますが、それよりもコピーの書き方がおもしろい。「無学は男の恥」「大特典が沢山ある」「機会は二度と来ない！」と強く言いきっているかと思うと、最後には「後では忘れますから、今スグ御出しなさい」と猫なで声で優しく誘いかけます。硬軟取りまぜた文章を駆使しながら、なんとか青少年の心をつかもうとしている必死さが伝わってきます。

青少年向けの広告から、次は少年少女向けです。

中学校や／女学校へ／行かれない／人の為めに
自宅を学校に仕事の余暇に僅かの費用と、短い時日で勉強出来、中学や女学校と同等の実力がつく直観式通信教授法が発見されました。
立身成功を望む少年よ　女一通り技芸や学問を修めんとする少女よ
遠慮なくハガキで家の光で見た　中学又は女学内容見本入用と申込まれよ　無代贈呈致します。
東京神田三崎町　独学修養館
（一九三四・三月号）

「僅かの費用と、短い時日で勉強出来、中学や女学校と同等の実力がつく直観式通信教授法が発見されました」というのはなんともあやしげです。そんな教授法があれば、だれも苦労して中学校や女学校へ行かないですむはずです。「立身成功を望む少年よ　一通り技芸や学問を修めんとする少女よ」では、少年は立身成功、少女は技芸や学問を修める、と明らかに少年と少女では望むところが違っていて、二重基準です。今から言えば立派な性差別広告です。女性だけに限定した広告もあります。

學校に行かないでも
中學を家庭で
仕事の餘暇に學べる
人生は戰ひだ。力は勝利だ。學問は力の泉だ。何をやるにも中學程度の學力は要る。學べ、學べ。成功は力ある者に來る。
學校へ行かれずとも悲觀するな仕事の餘暇に獨學で立派に中學を卒業出來る。
學習法は日本一の名中學校長遠藤隆吉先生の直觀式だ。短日月で必ず習得せしめる。しかも僅な費用で……
詳しくはハガキ一枚出せば說明付見本を無代で送呈する。今スグ「家の光で見た說明書送れ」と東京神田三崎町帝國中學會へ申込め。
開かれた
女學校に行かれぬ
女性《ちよせい》の生《い》きる道《みち》
獨學者のための便法
學問のない者は最早世に立てない時代になつた。良緣を得るにも、自活するにも、將來母として我子を敎育するにも無學者はあまりに慘めだ。暇のないため、學費の乏しいため、女學校に行かれぬ婦人は
家庭女學講習錄
で獨學せよ。家事の餘暇でしかも僅な會費で○裁縫○料理○手藝○家事○作法○花道○美容法その他女學校で敎へる一切の學藝を
誰にでも容易に短日月で立派に習得ができ敎養ある婦人として將來の幸福が得られる。詳しくは今スグ「家の光で見た說明書送れ」とハガキで東京神田三崎町
大日本家庭女學會
へ申込めば詳細な見本附說明書を無代送呈す
合理的で興味の深い
ペン字上達法
今はスピード時代、筆記に、事務に、文案に、すべてに
速く。巧く。
が現代の第一要件だ、透寫式練習法によれば容易に癖も矯正され、短時日の練習で日本字、英字、數字がすらすら上手に書ける。今スグ「家の光」で見た說明書送れとハガキに書いて東京神田三崎町＝ペン習字研究會へ申込めば說明見本無代にて送呈す。
君は手紙が
スラ〱書けますか
拙い損 (1)頭を痛める (2)書損じる (3)時間を空費する (4)禮を缺く (5)用が足りぬ (6)思はぬ恥をかく (7)笑はれる。
評判の……手紙研究會では、新時代に適應したる新講義により、短日月で手紙上手な人となる。詳細は今スグ「家の光」で見た、見本送れと「東京市神田區三崎町＝手紙研究會へ、ハガキで申込あれ、說明見本を無代送呈す。
『家の光』昭和８年（1933）６月号広告

泣くな嘆くな女性よ学べ！！
女学校へ行かない方のため
就職に、結婚に女一通りの学問技芸がない為めに人知れず泣く女性は気の毒です。家庭の事情で女学校へ行かない方は帝都第一流の先生方の苦心研究編輯された家庭女学講習録で独学すれば、僅かの会費と家事の余暇に裁縫料理手芸作法花道美容法その他女学校で教へる一切の学芸を容易に覚えられ、どこへ出ても教養のある恥ずかしくない婦人となれます。
詳しくは、今スグ『家の光で見た女学説明書送れ』と書いて東京神田三崎町二丁目
大日本家庭女学会　宛お出しくだされば親切な見本付説明書を無代で差上げます。
（一九三六・七月号）

「泣くな嘆くな　女性よ学べ」は七七調で、リズミカル。先の広告の一通りの技芸というものが、ここでわかります。「裁縫料理手芸作法花道美容法」と句読点もなしに一気に並べられていますが、裁縫・料理と分けて読むと六種目もあります。その技芸が講習録で独学すれば家事の余暇に習得できる、それだけでなく、女学校で教える一切の学芸も覚えられるというのです。ずいぶんいい話ですね。

女学校へ行かない女性のため、と言っていますが、「行けない」のほうが正しいでしょう。ただし、この時代には、ひとつ前の広告「中学校や女学校へ行かれない人の為めに」のように、「行けない」ではなく「行かれない」のほうが多く使われていました。

帝国教育女学会という組織もあって、

娘の幸福

と、大きな見出しを立てて、以下のような文章が続きます。

就職に結婚に女一通りの学問技芸がない為めに人知れず泣く女性はお気の毒です。家庭の事情で女学校へ行けない方は帝都第一流の先生方の苦心研究編輯された家庭女学講習録で独学すれば、僅かの会費と家事の余暇に、裁縫、料理、手芸、国民礼法、花道、衛生、その他女学校で教へる一切の学問技芸を容易に覚えられ、どこへ出ても教養のある婦人としてお国のために御奉公できます。東京市神田三崎町二丁目二八　帝国教育女学会

（一九四一・一〇月号）

あれっ？　前の三八年のとよく似ています。「就職に」の後の読点の有無以外は同じです。その後の文章もほとんど同じです。住所も二丁目までは同じ。住所と言えば二つ前の「独学修養館」の住所も似ています。なんだか怪しくなってきました。「大日本家庭女学会」が「帝国教育女学会」と名称変更したらしい。注意して比べると、三八年のは「一切の学芸」で、その内容が句読点なく一気に書かれていたのが、四一年のでは「一切の学問技芸」となり、内容に句読点がつき、そして、その技芸の中の「作法」が「国民礼法」に、「美容法」が「衛生」に変わりました。さらに、三八年の文章の終わりは、「どこへ出ても教養のある恥ずかしくない婦人となれます」ですが、四一年では「どこへ出ても教養のある婦人としてお国のために御奉公できます」となっています。

こうした一連の変化を見ると、三年間の差、つまり戦時体制を強めてくる時局の変化の反映であることがわかります。四一年一〇月と言えば、太平洋戦争が始まる直前です。三八年のころよりずっと、国家主義的色彩が強くなったようです。「作法・美容法」から「国民礼法・衛生」への変更を見ても、個人の作法から、国民の守るべき礼法へと国の枠がはめられる、美容法という極めて個人色の強い贅沢なことは許されず、「衛生」という社会の単位で清潔を保つなどの概念をもつ語に変えられていく。最後の文に加わった「お国のために御奉公できます」

はまさに戦時を象徴しています。自分の教養を高めるために独学してどこへ出ても恥ずかしくない婦人になろうと努力していたはずが、いつのまにか、「教養ある婦人としてお国のために御奉公出来る」へと目的がすり変わっていっています。貧しい中、お金と時間を工面して、自分の教養を高めたいという若い女性たちの勤勉さも向上心も、お国のためにからめとられてしまいます。同じ組織が名前と見出しを変えて、次から次へと広告を出し続ける仕組みにも驚かされます。こういう手口を考える知恵は昔も今も変わらないのですね。

次はふたたび中学講義です。最初に紹介した一九三五年から六年を経ています。この年一九四一年四月から学校制度が変わり、それまでの尋常小学校が国民学校に変わりました。そのことがキャッチコピーにもすぐ反映されて、この七月号は「国民学校」「国民中学」「国民中学講義」「国民中等教育会」と「国民」のオンパレードです。

全国少年諸君／立身の門出は／先ず中学から　国民学校から／国民中学へ

国民中学講義　働きながら学べる／勤労青少年諸君の／最新中学全課程

学校出の肩書きよりも実力がものをいふ時代ですけれども、然し男子はどうしても中学の

過程を修めて置かないと世の中に立つて思ふ存分活躍出来ません。[……]
興亜の大使命を担ふ我が青少年諸君は盟邦独伊の青少年に負けずにハチ切れる程の元気で
大いに働き大いに学ばねばならない

東京市麹町区富士見町三ノ五　国民中等教育会

（一九四一・七月号）

「学校出の肩書きよりも実力がものをいふ時代ですけれども」と学歴偏重を是認しない姿勢を見せながら、一瞬にして学歴尊重主義にもどって「然し男子はどうしても中学の過程を修めて置かないと世の中に立つて思ふ存分活躍できません」と言います。ストレートに男子は中学を出ていないと活躍できないと言わないだけ、進学できない少年への共感を示したつもりなのかもしれません。「興亜の大使命を担ふ我が青少年諸君は盟邦独伊の青少年に負けずに」というあたりはやはり時局を物語っています。

10 「ニホン」か「ニッポン」か

日本語は合理的な言語とは言えない、その証拠に国の名前すら「ニホン」と言ったり、「ニッポン」と言ったりして統一できていないではないか、と言われることがあります。二つ呼び方があることが不合理なら、「やはり」と「やっぱり」、「ハチホン」と「ハッポン」とそれぞれ二つのことばがあることも不合理となってしまうでしょう。「ニホン」と「ニッポン」と二つの呼び方があるのは、それなりの理由のあることなのです。以下にその理由を考えてみましょう。

◉ニホンからニッポンへ——雑誌グラビアでの変遷

雑誌『家の光』のグラビアは一九二五年の五月創刊の時から、すべての漢字にルビを振る、

表1　単独用法のニホンとニッポン

年代＼ルビ	1925–1930	1931	32	33	34	35	36	37	38	39	40	41	42	43	44	45	計
ニホン	22	11	12	9	7	1	0	0	0	0	0	0	0	0	0	0	62
ニッポン	0	1	5	0	6	4	7	7	15	7	23	13	5	0	0	0	93
ルビなし	0	0	0	0	0	0	0	0	0	0	0	0	2	2	7	2	13

いわゆる総ルビの表記でした（どういうわけか、二五年の九月号だけはルビがありませんが）。漢数字以外にはどんな漢字にもルビがふられています。ですから、「ニホン」と読ませようとしているか、「ニッポン」と読ませようとしているか、全部わかるのです。

ところが、戦争が激しくなり、物資が不足して新聞や雑誌のページ数が減ってくると、総ルビはなくなります。一九四二年の九月号からは、難しいと思われる語にだけ、それも初出の時だけルビが振られるようになりました。「日本」には当然ルビがつかず、「ニホン」か「ニッポン」かわからなくなるのですが、直前の四一年のころはほとんどすべて「ニッポン」になっていましたから、ルビなしでも編集者は読者に「ニッポン」と読まれることを想定していたと思われます。

まず、「日本」と単独で用いられたものと、「日本○○」「○○日本」のように、複合形で用いられたものに分けて数を調べてみました。上の表1は、単独に用いられた「日本」にどちらのルビが振られているかをみたものです。一九四二年九月以降ルビが振られなくなってからのものは「ルビなし」の項に入れています。

「日本」は、一九二五年の創刊から三〇年までは一貫して「ニホン」と読まれています。「ニッポン」は三一年に初めて登場し、三四年にかけて徐々に増えていき、三五年には逆転して「ニホン」を追い越します。それ以降は「ニッポン」一色になります。

この変化の時期は戦争が激化する時期と重なっています。戦争が激しくなると、「ニホン」が否定され、「ニッポン」がよしとされるのは、促音を伴う「ニッポン」の方が音の響きが強いからです。サッカーの国際試合でもオリンピックなどでも、スポーツ競技の応援では「ニッポン　チャッ　チャッ　チャッ」とやっていますね。東日本大震災の応援のステッカーも「がんばれ、ニッポン」です。がんばって強く言いたいときは、息を詰め、次に思いきって息を吐く促音を使います。そうすると、いったん口を閉じますから、次に続く「ハ行」の音は「パ行」の音になります。「ニホン」の「ホ」が「ポ」になるわけです。「へひり腰」をからかったりおもしろがって強く言うと「へっぴり腰」になりますし、「出歯」をからかって強く言うと「出っ歯」になるのと、おなじことなのです。

次に、「日本〇〇」のような複合語のルビをみてみましょう。

複合語も、単独語の場合と全く同じ傾向が見られます。「日本画」は、三七年までは「ニホ

表２　複合語「日本〇〇」の「日本」のルビ

	1925–1930	1931	32	33	34	35	36	37	38	39	40	41	42	43	44	45	計
ニホン画	0	0	1	1	0	0	0	1	0	0	0	0	0	0	0	0	3
ニッポン画	0	0	0	0	0	0	0	0	0	0	1	0	0	0	0	0	1
ニホン一	2	3	3	6	2	0	0	0	0	0	0	0	0	0	0	0	16
ニッポン一	0	0	0	0	6	2	6	4	4	2	3	0	0	0	0	0	27
ニホン人	1	0	1	0	1	0	0	0	0	0	0	0	0	0	0	0	3
ニッポン人	0	0	0	0	0	0	2	2	0	0	2	2	0	0	0	0	8
ニホン精神	0	0	0	0	1	0	0	0	0	0	0	0	0	0	0	0	1
ニッポン精神	0	0	0	0	0	0	0	2	4	0	0	0	0	0	0	0	6

ン画」だったのが、一九四〇年になると、「ニッポン画」が出てきます。「日本一」は三四年までの一四例はぜんぶ「ニホンイチ」だったのですが、三四年に「ニッポンイチ」が登場、その後は即座に「ニホンイチ」を追い越して、三五年からは「ニッポンイチ」だけになります。「日本人」は、一九二五年から三四年までに三例の「ニホン人」が使われていますが、三六年の例以降はぜんぶ「ニッポン人」になっています。

　ほかに「ニホン」のルビのあったものでは、次の語があります。

　日本アルプス・日本映画・日本襟・日本音楽・日本海軍・日本髪・日本記録・日本銀

行・日本軍・日本劇・日本最初・日本最北・日本式・日本新八景・日本橋（東京の）・日本飛行家・日本婦人

ただし、どれも、一九三三年までの間に使われた例です。この中で「日本襟」だけは、一九四一年になっても「ニホン」を使いつづけて「ニホンエリ」とルビが振られています。「襟＝エリ」のやわらかい音と、固く強い「ニッポン」の音と結びつけるのはどうしても無理があったのでしょう。

「ニッポン」のルビのあったのは次の語です。

日本外交・日本館・日本軍・日本軍人・日本語・日本国内・日本国中・日本財界・日本座敷・日本三景・日本趣味・日本少年・日本女性・日本全国・日本選手・日本男児

こちらはどれも、一九三五年以降に使われています。ですから「日本軍」は、一九三三年までは「ニホングン」、それ以降は「ニッポングン」と読まれるようになったのです。この時期は「日本語」までも、「ニホンゴ」ではなく、「ニッポンゴ」と読まされていたんですね。

この雑誌のグラビアで見る限り、一九二五年から一九三三、三四年ごろまでは、「ニホン」としか読まれていなかったのが、日中戦争が始まって戦時体制下に入ると、強い固い音の方が好まれるようになって、いっせいに「ニッポン」と読ませるようになったことがわかります。雑誌は時勢に敏感です。

◉ニホンからニッポンへ——辞書も変化した

ところで、辞書はどうなっているでしょうか。

こうした「日本」のつく複合語の読み方について、当時と現在の代表的な辞書の記述を調べてみることにします。戦争末期に刊行された『明解国語辞典』とそれ以前の大正期に刊行された『大日本国語辞典』と、戦後に初版が出て現在第六版が出ている『広辞苑』の三冊で調べます。

その結果を表にします

大正期に初版が出て一九四二年に修訂版が出た『大日本』では「ニホン○○が、ニッポン○○よりはるかに多く、約三倍です。

戦争末期に初版が出た『明解』では両者が拮抗。『大日本』ではニホン刀なのが『明解』で

表３　辞書に出るニホンとニッポン

	ニホン〇〇		ニッポン〇〇	
大日本国語辞典	29	ニホン犬 ニホン語 ニホン酒 ニホン刀 など	11	ニッポン一 ニッポン猿 ニッポン人 ニッポン晴れ など
明解国語辞典	9	ニホン画 ニホン髪 ニホン三景 ニホン酒 など	10	ニッポン国 ニッポン精神 ニッポン刀 ニッポン晴れ など
広辞苑	166	ニホン海 ニホン髪 ニホン犬 ニホン猿 など	4	ニッポン一 ニッポン永代蔵 ニッポン橋 ニッポン晴れ

はニッポン刀になるなど、ニッポン〇〇が増えています。

現在出回っている『広辞苑』第六版では、「ニホン」の項目では「ニホンアルプス・ニホン語」など一六六語が載っています。「ニッポン」の項目では「ニッポン一・ニッポン永代蔵・ニッポン橋・ニッポン晴れ（↓ニホンばれ）」の四語を収めるのみで、圧倒的に「ニホン〇〇」が多いのです。

◉戦時と平時の「日本」

これらの辞書の「日本〇〇」の複合語の中で、『家の光』で使用される語がどういう位置にあるのかを知るために、『家の光』と辞書のどちらにも出ていることばに限って、比べてみると、次のことがわかります。

(1)「日本一」は、どの辞書も「ニッポンイチ」です。『家の光』は初めは他の「ニホン」と同じように「ニホンイチ」を使っていましたが、三四年を境にして全部「ニッポンイチ」に変わりました。

(2)「日本語」「日本画」は、『大日本』『広辞苑』は、「ニホンゴ」「ニホンガ」ですが、『明解』と、三四年以降の『家の光』は、「ニッポンゴ」「ニッポンガ」になっています。

(3)「日本三景」は、どの辞書も「ニホン三景」ですが、三四年以降の『家の光』は、「ニッポン三景」としています。

結局、複合語は「日本一」「日本晴れ」「日本永代蔵」などが「ニッポン」である以外はほとんど「ニホン○○」と読まれてきたのですが、戦時中の雑誌では、そのほとんどすべてを「ニッポン○○」と読ませようとしました。「ニホン〜」で固定していた「日本語」「日本画」「日本三景」などさえも、「ニッポン○○」と読ませようとしたのです。それは、促音が入ることで強く聞こえる「ニッポン」が、促音のない穏やかな「ニホン」よりも戦意を高めるのにふさ

表4　現代のニホンとニッポン

	ニホン	ニッポン	ニホン率 / ニッポン率	
日本	3108	122	96.2%	3.8%
日本一	31	9	77.5	22.5
日本円	20	0	100.0	0.0
日本海	26	0	100.0	0.0
日本語	1591	8	99.5	0.5
日本人	1019	19	98.2	1.8
日本代表	29	7	80.6	19.4

わしかったからでしょう。ですから、戦争が終わって平和になると、穏やかな響きの「ニホン」が歓迎され、戦争の時代が始まる前の「ニホン」にもどったと考えられるのです。

それでは、二一世紀の戦争のない日本で、「ニホン」「ニッポン」はどうなっているでしょう。国立国語研究所が二〇〇五年五月に、大学の講義や講演の中で話されるのは「ニホン」「ニッポン」のどちらかを調査した結果を発表しました。その一部を表にします。

明らかに「ニホン」が優勢です。辞書に多かった「ニッポンイチ」も「ニホンイチ」の4分の1ですし、この語と「日本代表」以外は「ニッポン」は数%しかありません。最初に述べたサッカーやオリンピックの応援で「ニッポン」を聞きつけていると、もっと「ニッポン」率が高いだろうと思うのですが、実際はそうではなかったのです。日常使われている結果は圧倒的に「ニホン」が多かった、ということです。ありがたいことに戦争がない平和な時代だからなのですね。外国人にどうして国の名前が二つあるの？　と聞かれたら、「ニホン」は平和なときの国名、戦争の時代の国名が「ニッポン」と答えてもよさそうですね。

11

外来語はどのように市民権を得ていったか

新聞やテレビに意味のわからないカタカナ語が氾濫している、ゆゆしき問題だ、といつも話題になります。かつて介護保険制度が導入されるころ、時の小泉首相は官庁や役人の文書にカタカナ語が多すぎる、もっと日本語を使うように、と指示しました。当時の介護現場では「ケアマネージャー」「ケアプラン」などの新しいことばを作って新制度をスタートさせようとしていたのですが、首相の一言で漢字語に作り直しました。そのため「ケアプラン＝介護計画」「ケアマネージャー＝介護支援専門員」というそれぞれ新しいことばが二つできて、現場はかえって混乱したという事例もあります。

でも、カタカナ語の氾濫は今に始まったことではありません。戦前もけっこう新しい外来語が取り入れられ、作られていたのです。たとえば、雑誌の記事の外来語は、現在と同じようにカタカナだけで記される場合も多いのですが、中には漢字の振り仮名の位置に訳語がカタカナで書かれる場合があります。つまり、漢字と外来語を併記したのです。こうした漢字外来語併記をみていると、外来語が取り入れられてから定着してゆく、あるいは消えてゆく過程が見えてきます。

◉ルビから始まる――ジャングルと密林

「ジャングル」を例にとってみます。昭和の初めごろの雑誌『家の光』では「密林」と「ジャングル」の両方が使われています。この二語の意味をまず当時の辞書で確認しておきましょう。一九三五年に刊行され、戦前では最大の語数を誇った『大辞典』の「密林」の語義は「樹木のよく生ひ茂った林」となっており、「ジャングル」の方は小説名として「ジャングル」「ジャングルブック」が収録されているものの、生い茂った林の意味のジャングルは項目として挙げられていません。前章でも参照した『明解』は「ジャングル」も「密林」も載せておらず、「叢林」というのが出ています。「①はやし。②［仏］僧林。壇林」とだけ記されています。戦後の辞書の『岩波国語辞典』（一九六三、以下『岩国』）では「密林」は「密生した林。特に熱帯のものをいう。ジャングル」となっています。「特に」以下は南洋の「ジャングル」の影響を受けて、語義が拡大したことを示しています。

では、『家の光』の例で年を追ってみていきます。初めのころは「密林《みつりん》」です。

[1] 水面は渦巻状をなし、千古斧鉞《ふえつ》を知らざる大密林《だいみつりん》にかこまれてゐる。(一九三一・一一月号)

[2] さん〳〵とふりそゝぐ陽光《ひかり》にゆる、たくましい竹の密林《みつりん》。(一九三五・六月号)

[3] 野象の群を求めて密林《みつりん》の奥へ。(一九三六・九月号)

[4] シンガポールを取り巻く叢林《ジャングル》には濠州、インド兵が溢れ、空には米国製の飛行機が乱舞してゐる。(一九四一・三月号)

[5] マレーのジャングル(密林《みつりん》)地帯を猛進。(一九四二・二月号)

[6] 密林《ジャングル》を進撃する、これは珍しい我が象部隊。(ビルマ戦線)(一九四二・三月号)

[7] 密林《ジャングル》地帯の難行に衷心協力するマレー住民たち。(マレー戦線)(一九四二・三月号)

[8] 敵前五十メートルの密林《みつりん》に、死闘する歩兵部隊。(一九四三・三月号)

[9] 毒蛇が足もとにうねり、山蛭が、時雨のやうに、木の上から降つてくるジャングルの中を、汗みどろになつて進みます。(一九四三・三月号)

［10］やがてこの手並に物を言はせてジャングルと戦ふ日も間近いことであらう。（一九四四・一月号）

◉密林がジャングルになるまで

［1］は日本国内の話で、『大辞典』に記述された意味の、人の手の入っていない自然のままのうっそうとした林です。［2］も国内の話で、竹の密林です。

［3］以下はタイ・マレー・シンガポールなど日本軍が進出していた南洋の林です。これらは湿度も温度も高くて植物の生育も早ければ、ワニだのオオトカゲだの恐ろしい動物も生息するところで、いろいろな面で日本国内の林とは違います。でも従来の日本にある語を使うとしたら「密林」が一番近い。そのため、［3］の例ではタイの「密林」となっています。

でも、熱帯の林を言うのに日本語の「密林」ではしっくり来ない、英語やもともと現地で使われている「ジャングル」を借りてきたほうが、そのものを表すのにふさわしい、と考えるようになってきます。そこで［4］［6］［7］のような漢字の振り仮名として「ジャングル」がつけられます。いま、当然のことのように振り仮名と言いましたが、『広辞苑』で「振り仮名」を引くと、「漢字の傍にその読み方を示すためにつける仮名」となっていて、困ったことになります。「ジャングル」は漢字の読み方ではないからです。漢字と同じ意味の英語を片仮名表記した語—外来語—が漢字の横に書かれていて、いわば振り外来語とでも言うべき書き方です。

ここでは、「ジャングル」と言いたいが、まだその外来語は定着していない、だから意味の似ている日本語の「密林」に、振り仮名のような形で、その外来語を併記した、と考えられます。これは［5］についても言えます。まず「ジャングル」の語がここで一番ふさわしいと思って使った、でもまだ読者に完全に認知されていない、だからその語のあとに「(密林《みつりん》)」とつけて、実は「密林」と同じ意味だと補足したわけです。

［8］は、これも南洋の戦地のことですから、指示対象を表す語としては「ジャングル」の方が正しい。しかし、ここでは「みつりん」と読み仮名が振られている。これはどういうことでしょうか。戦後の辞書にその答えがあります。先の『岩国』の語釈のところで紹介したように、本来は日本の林を念頭に置いた「密生した林」の語義だったところへ、「特に」以下「特に熱帯のものをいう」と語義が加わりました。熱帯で「ジャングル」といっている語義を「密林」の中に取り込んだ、逆に言うと密林の語義が広がったのです。それで、この「密林」は、「ジャングル」の言い換えになれたわけです。

［9］［10］になると、もう外来語だけで読者は理解できると思われたのでしょう。補足も漢

字併記もありません。

◉行きつ戻りつの定着プロセス

以上をまとめると、「密林」は、本来は国内の密集した林の意味で使われていた。一九三〇年代以降、日本軍の南方進出に伴って熱帯のジャングルについて報道する機会が増えると、当初は南洋の林も、意味が似ている日本語の「密林」の語で代用させた、しかし、南洋の林は日本の林と質的に異なる、それで現地の実態を示している英語jungleを、片仮名にして導入して使う人が出てきた。当初は単独では使えず、「密林《ジャングル》」と漢字と併記したり（密林《みつりん》）のように補足したりして用いたが、次第に定着したと考えられて「ジャングル」単独でも使われるようになった。

他方、「密林《みつりん》」を代用として使っているうちに、「密林」の語義に「熱帯のもの」の意味が加わり、ジャングルのことを「密林《みつりん》」と表現する例も出てきた、という流れです。

この二つの語を時間を追ってみてみると、ことばとそれが指すものとをどう一致させるか、いろいろな意識が働いて、行きつ戻りつしながら、ことばが変化したり受容されたりすることが手に取るようにわかるのです。

表　「ジャングル」と「密林」

		1940	1941	1942	1943	1944	1945	計
朝日	ジャングル	9	4	21	8	6	0	48
朝日	密林	2	21	54	52	41	5	175
讀賣	ジャングル	9	8	45	19	13	2	96
讀賣	密林	11	11	30	35	1	1	89

なお、「ジャングル」は英語だと書きましたが、新村出は一九四四年刊行の『外来語の話』の中で、「ジャングルは梵語のヂャンガラ（jangala）から出たヒンドスタン語のヂャンガル（jangal）に発するが、それが日本に伝はつたのは英語からであることは疑なからう。［……］この語が一般に普及したのは、最近二年この方であることは断る必要もあるまい」(154–155) と述べて、日本軍の南洋進出による普及であることを示唆しています。

ここで、新聞に登場する頻度数を比べておきましょう。南洋での戦争が激しくなって盛んにその戦況が伝えられる時期に、この二語はたくさん使われました。『朝日』と『讀賣』の電子化資料『聞蔵』『ヨミダス』で、一九四〇年から一九四五年までの使用状況を調べて表にまとめてみます。

『朝日』は「密林」が圧倒的に多く、『讀賣』は「ジャングル」と「密林」が拮抗しています。この表から言えることは外来語「ジャングル」が堂々と市民権を獲得して使われていることです。また、戦争末期の『讀賣』の両語の使われ方を見ていると、戦争末期になっても外来語だからといって「ジャングル」の使用が制限されたとは見られないことがわかるのです。

◉ヘリコプターの例

戦争で普及した語の例をもうひとつ挙げておきます。

［11］珍型飛行機：これは環動輪《ジャイロスコープ》と、竹蜻蛉《ヘリコプター》と、飛行機とを組合せたもので、遠心力を応用して滑走なしに飛び揚り得るのが特徴です。（一九三二・四月号）

ヘリコプターはなんと竹蜻蛉《たけとんぼ》と訳されています。竹蜻蛉は『明解』では「竹を薄く削り中央に軸をさしこんだ玩具。両手でひねってとばす」とありますが、もちろん言い換え語にヘリコプターは出ていません。『大辞典下巻』の「ヘリコプター」では、語釈の最後に「オートジロ」と言い換えが出ており、「オートジロ［autojiro］」を見ると「オートジャイロ」のことで、「ヘリコプターの利点を飛行機に取り入れたもの」「短滑走昇降飛行機・竹蜻蛉式飛行機などと訳す」との語も見られます。『朝日』にはオートジャイロを「竹とんぼ飛行機」「竹とんぼ機」（一

珍型飛行機《ちんかたひかうき》　北米加州《ほくべいかしう》の一技師《ぎし》が發明《はつめい》した珍型飛行機《ちんかたひかうき》です。これは環動輪《ジャイロスコープ》と、竹蜻蛉《ヘリコプター》と、飛行機《ひかうき》とを組合《くみあは》せたもので、遠心力《えんしんりよく》を應用《おうよう》して滑走《くわつそう》なしに飛《と》び揚《あが》り得《う》るのが特徴《とくちよう》です。

『家の光』昭和６年（1931）４月号

九三・一一・一〇）と呼んでいる例もあります。「ヘリコプター」を用語として説明した記事もあります。それによりますと、

［12］竹とんぼのやうな大きなプロペラを機体の真上で回転させる特殊飛行機。（朝日　一九四二・七・一〇）

とあります。また、

［13］潜水艦攻略のためヘリコプター（垂直上昇機）を利用してゐることなども注意されてよい。（朝日　一九四二・八・二四）

と、「垂直上昇機」の訳語が当てられている例も

あります。しかし、戦争末期になると

［14］決戦の空を翔る偵察機①ヘリコプター［……］、偵察機のうち［……］最も悠然たる任務を受持つのはヘリコプターである。（朝日 一九四四・四・二五）

など訳語も説明もなしに「ヘリコプター」が使われます。この辺りから「ヘリコプター」が市民権を獲得していったことがわかります。「ジャングル」「ヘリコプター」は戦争中、戦況の変化を踏まえながら定着していった様子がおわかり頂けたと思います。また、戦争中は敵性語として、外来語はいっさい排除されていたと思われがちですが、こうした戦争関連の用語ではけっこう必要とされていたのかもしれません。

12 外来語と日本語の攻防

外来語というと、それに続く語は「氾濫」、つまり、決まり文句のように「外来語の氾濫」と言われます。外来語が入ってくると、それがそのまま市民権を獲得して、日本語の中にいすわってしまうのではないか。あたかも、いったん種を落とすと、周囲のスキなど在来植物を追い散らして繁茂するセイタカアワダチソウのように、外来語は、従来の日本語にとって「憎きやつ」と思われているフシがあります。はたして、外来語は、在来の語をなんでもなぎ倒して制覇してしまうほど強い強い存在なのでしょうか。

この章では、いくつかの外来語が漢字と併記して使われているうちにどちらに傾いていったか、いわばその攻防の歴史を、雑誌『家の光』をとおして、時に『讀賣新聞』『朝日新聞』を参照しながら、見ていきます。

◉空港 vs. エアポート——外来語の負け

［1］ツエペリン号が根拠地たるベルリンの空港《エアー・ポート》で盛んな見送りを受けてゐる所。（一九三一・二月号）

［2］東京郊外羽田の、空の港《エヤーポート》にある日本航空輸送会社の待合所。（一九三一・八月号）

［3］新東京エア・ポートに迎へた最初の外国機だ。（一九三一・二月号）

一九三五年刊行の『大辞典上巻』には「空港」はありませんが、「航空港」の語が出ていて「軍用飛行場に対し、商業用航空機の発着場をいふ。エアポート」と記されています。一九四二年発行の『明解』で「空港」を引くと、「↑航空港」となっているので「航空港」を見ると「飛行・機（船）の定期発着場。空港。エヤーポオト」とあります。どちらの辞書でも「空港」よりも「航空港」が優先され、外来語の言い換えが示されています。言い換えに外来語を使っているということは、この外来語がかなり認知されていたということです。

［1］～［3］の例では「空港《エアーポート》・空の港《エヤーポート》・エア・ポート」の三種類の表記が使われていま

す。商業用の飛行機が盛んに飛ぶようになって、飛行場・航空港とは違うイメージの空間になると、ことばもそれに伴って新しくする必要が生じました。この雑誌では「エアーポート・エヤーポート」など外来語が併記されている例の方が多く、外来語が優勢のようです。ところが同時期の新聞では、『朝日』に「大阪エアポート」などの数例と、『讀賣』に「羽田エアポート」一例の「エアポート」使用例はあるものの、圧倒的に「羽田空港」式の「空港」が多く登場します。その趨勢は現在にも及んでいて、外来語はほとんど使われず、専ら「空港」が使われていますね。外来語が漢語に負けて撤退した珍しい例と言えるかもしれません。

◉ショーウインドー vs. 飾り窓——外来語の勝ち

［4］インド人が二人、不思議さうに飾窓《ショウウインドウ》を覗きこんで、［……］（一九三九・九月号）

「ショーウインドウ」という物自体が新しく取り入れられたので、在来の日本語に相当する語はない、そこで「飾り窓」と訳して、併記したわけです。振り仮名ならぬ「振り外来語」の例です。「飾り窓」としたのは良い訳ですね。「ショーウインドウ」に比べて「飾り窓」は音節数も短いし、和語だから耳で聞いてもわかりやすい。そのせいでしょうか、新聞では「飾り窓」の方が圧倒的に多いのです。次のように、同じ記事の中に両方使われている例もあります。

［5］飾窓襲撃／中央のショーウインドーに走り寄りざま右手に持つた石塊然の物をガラスの中央部にた、きつけて［……］（朝日　一九二七・三・四）

しかし、現在は「ウインドーショッピング」という語もできたくらい、外来語の「ショーウインドー」がすっかり普及しました。「デパートの『飾り窓』をのぞきこんで」なんて言い方は戦前生まれの方でもしないはずです。そこにはもう一つ別の理由がありそうです。「飾り窓」はオランダの「飾り窓の女」のような存在が知られるようになって、特殊な「飾り窓」が広まり、その方が有名になった、そこで「ショーウインドー」の意味の「飾り窓」は使いにくくなった、そんないきさつで、「ショーウインドー」が勝ちを収めたのではないでしょうか。

◉シンボル vs. 象徴——日本語と共存

「ハトは平和のシンボルだ」と言いますし、憲法第一条には「天皇は、日本国の象徴であり日本国民統合の象徴であって」と明記されています。この、シンボルと象徴を見ていきましょう。

［6］葡萄の房の色こそは秋そのものの象徴《シンボル》だ。（一九三四・一一月号）

［7］写真は［……］、ナチス・ドイツの盟主ヒツトラー総統に、日本精神《につぽんせいしん》のシンボルとして贈られた由緒ある写真である。（一九三七・一月号）

［8］陽光を浴びて輝く振興隊旗こそ［……］、尽忠報国義勇奉公の赤誠の象徴《しようちよう》である。（一九三八・四月号）

「象徴《シンボル》」「シンボル」「象徴《しようちよう》」の、三種類の使い方がされています。『家の光』の使用例としては、「象徴《シンボル》」二例、「象徴《しようちよう》」七例、「シンボル」二例でした。「象徴《シンボル》」を両方に入れると、「象徴」派九例、「シンボル」派四例ということになります。「日本精神」については「日本精神のシンボル／象徴」の両方が使われていますが、［8］の「赤誠」の例では「象徴」だけ。さすがに、こうした純国粋主義的な用語と外来語とは共存させにくかったのでしょう。

「シンボル」は戦前の辞書にもよく採録されていて、それほど珍しい語でもなかったようです。

『大辞典下巻』では「象徴。表象」とだけ記されています。『明解』では「①象徴。②符号」とされています。

参照している『家の光』と同じ時期（一九三一～四五年）の『讀賣』では、「シンボル」（「シムボル」も含む）五例、「象徴」一九例で、「象徴」の方が優勢でした。『朝日』も、「シンボル」一二例、「象徴」七四例でした。現在はどうでしょうか。讀賣の電子データ『ヨミダス』で二〇一〇年一年分を調べてみました。その結果「～のシンボル」を含む記事が一三五件、「～の象徴」を含む記事が三八九件と「象徴」が「シンボル」の約三倍でした。「シンボル」も善戦していますが、「象徴」の地位を脅かすことはなさそうです。この両語は、外来語も受容しながら、従来の語も使いつづけているという例なのです。

以上は訳語が一つで外来語と競った例でしたが、次に複数の訳語があった外来語の例も見てみましょう。

◉マニキュア／爪掃除・爪磨き・爪化粧・美爪術

このグループは、訳語が定着しないで、いくつかの語が使われ、結局は外来語が勝利を収めました。

［9］亭主が鋏をとつて刈込みをやれば、お神は素早くお客の手にタオルを当てゝ、当世流行の爪掃除《マニキユアー》。（一九三三・四月号）。

新しく輸入された美容法の一つであるマニキュアを「爪掃除」と訳したのです。確かに爪をきれいにするのですから、「掃除」も間違いではないかもしれません。辞書でこの語を見ると、『明解』では

マニキュア［manicure］爪磨き。美爪術（ビサウジュツ）。

と「爪磨き」と「美爪術」の二つの訳語が出ています。「爪磨き」のほうが実際に即している気がしますが、「靴磨き」や「歯磨き」といった日常的な語を連想してしまうので、日常を離れた美しさを求める行為を表すことばとしては避けたいところでしょうか。「美爪術」は「美顔術」の系列と考えれば納得できますが、耳で聞いて意味がすぐ伝わるかどうかは疑わしい訳語。『讀賣』で初めて「マニキュア」が出るのは一九二八年ですが、「爪磨《みが》き（マニキュア）」と両語を並べて書いています。

［10］爪磨き（マニキユア）といふ事は日本ではつい先頃まで余りかへりみられなかつたのですが……（讀賣　一九二八・八・二〇）

『朝日』の初出は一九二九年で、新品紹介というコラムに「爪掃除器」の写真が出ています。

［11］フランスから最近に輸入した変つた型のマニキユアスタンドです。モダンな御婦人方への贈り物としてふさはしいものです。（朝日　一九二九・一二・一七）

写真のキャプションが「爪掃除器」で本文が「マニキユアスタンド」です。『朝日』も当初は「爪掃除」と訳していたことがわかりますね。

その後一九三一年の『朝日』にも登場します。そのときの見出しは「爪の掃除」ですが、文中では専ら「マニキユア」です。

［12］マニキユアをやりすぎると却つて爪の色を醜くするから自然的にしておく。マニキユアの後では必ずオキシフルを少し薄めて消毒しておきたい。（朝日　一九三一・三・二〇）

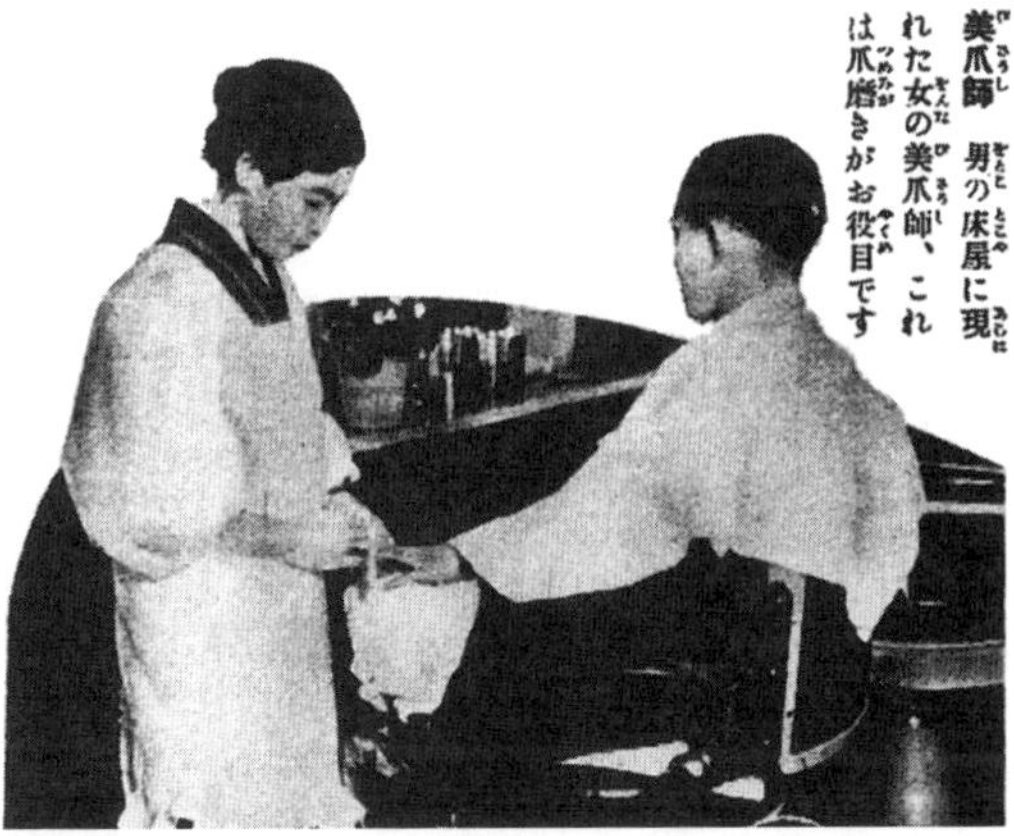
美爪師《びさうし》　男《をとこ》の床屋《とこや》に現《あらは》れた女《をんな》の美爪師《びさうし》、これは爪磨《つめみが》きがお役目《やくめ》です

『家の光』昭和６年（1931）５月号

このあたりから、女性がエナメルをぬって自分の指を美しくする現在のようなマニキュアになってきたようです。

「爪化粧」という訳語もあります。

［13］どの指も美しくマニキユア（爪化粧《つめげそう》）までしてあると思はれる手で［……］（朝日　一九三六・一・二九）

次第に、外来語だけで使われるようになり、「初めてマニキユアをなさる方へ」（朝日　一九三四・六・五）、「マニキユア客の盗難」（朝日　一九三七・五・五）のように使われていきます。

マニキュアという化粧術が輸入されてから、「爪掃除」「爪磨き」「爪化粧」「美爪術」などいろいろに訳されて使われましたが、どれも定着せず、けっきょく、外来語をそのまま使うことになったのです。特に化粧品はおしゃれな雰囲気を好みます。「爪掃除」などと言っていたら、現在のように は普及しなかったかもしれませんね。

◉インテリ／知識階級・知識人

［14］尊い本来の使命を忘れ、知識階級《インテリ》失業者の養成に浮身《ママ》をやつしてゐる［……］（一九三四・七月号）

［15］大学が青白きインテリの巣と言はれた時代は、もはや過ぎ去つた。（一九四三・六月号）

［14］では「知識階級《インテリ》」と漢字のルビの部分がインテリでしたが、九年後の［15］ではカタカナだけです。この間に「インテリ」が一般にも理解できるようになったということでしょう。『大辞典』で「インテリ」を引くと、「インテリゲンチアの略」とされ、「インテリゲンチア」は「露語 интеллигенция よりきた語。知識階級と訳す。［……］」と記されます。外来語

「インテリゲンチア」がかなり知られていたことが窺われます。「知識人」の訳語も考えられますので、同じ時期の新聞記事で、「インテリ」と「知識階級」「知識人」の二語とを比較してみました。その結果『讀賣』は「インテリ」六一例に対して、「知識階級」五七例「知識人」一二例が使われていて、カタカナ語と漢字語が拮抗しています。一方、『朝日』では「インテリ」二四二例、「知識階級」一五三例、「知識人」三五例で、「インテリ」がやや優勢、この両者共存の傾向が現在に流れ込んでいるものと思われます。

いくつかの漢字併記の外来語をみてきました。こうして外来語と訳語または従来の日本語との関係をみてくると、「マニキュア」と「爪掃除」や、「ヘリコプター」と「竹蜻蛉」のように、外来語がそのまま、カタカナ語として使われる例、「空港」と「エアポート」のように、外来語が育たなかった例、「シンボル」と「象徴」、「インテリ」と「知識人（階級）」のように拮抗しながら両方が使われる例、といろいろなタイプがあることがわかります。

外来語といっても一般に普及するまでには多くの曲折があり、それぞれの事情があることがわかると、外来語の見方も変わるかもしれません。

13 消えたことば、変わったことば

戦前の新聞や雑誌を見ていると、そのレトロな写真から、見出しのことばから、現在では見ることのない漢字・歴史仮名遣いの文章への違和感など、興味は尽きません。現在と同じ表現もあれば、全く今では使わないことばもあります。わずか七、八〇年前というか、七、八〇年も前というか、七、八〇年のとらえ方も一様ではありません。いずれにせよ七、八〇年前の新聞や雑誌は、明治時代のものに比べればまだ古典とは言えないし、細部はともかく大筋なら何とか判読できます。文法的にもそれほど大きな変化はないと言えます。でも中には、当時の人なら当たり前のことで、すぐわかったのに、今となっては辞書を引いたり、参考書をみないと正確にはわからないことばもあります。ことばは同じなのに、使われている意味が違うこともあります。ここでは、今となっては使われなくなった――消えてしまったことばを見ていきましょう。

◉戦前の長さ・重さ・量の単位

戦前の雑誌を見ていると、単位が今とは違うので、数値の意味がぴんとこないことがあります。現在日本ではメートル法を採用していますが、戦前は尺貫法でした。戦前もミス・コンテストがあったのですが、次は『家の光』に載ったその優勝者の身長と体重です。

［1］年齢二十二歳身長五尺二寸四分、十四貫、ミス・ニッポンの栄冠をかち得た近代的日本美人（一九三一・八月号）

ミス・ニッポンは「身長五尺二寸四分、十四貫」と言われても、今の私たちには、この人が背が高いのか低いのか、太っているのか痩せているのか、わかりません。メートル法に換算してみると、一尺＝三〇・三㌢、一寸＝三・〇三㌢、一分＝〇・三〇三㌢、一貫＝三・七五㌔です。これで計算してみると、このミス・ニッポンは、身長一五八・七㌢で、体重は五二・五㌔です。現在の若い女性と比べて体重は多めのようですね。きっと健康美人だったのでしょう。

［2］名古屋の東郊、覚王山にある三丈三尺の世界一大きい観音様の木像。（一九三四・九月号）

というのもあります。世界一大きい観音様をメートル法で計算し直してみます。一尺三〇・三センチ、一丈は一〇尺ですから三・〇三メートルです。つまりこの観音様は九・九九メートルになります。高さ一〇メートルの木像というのですから、確かに大きい観音様だと、ここでようやくわかりました。それでは滝の高さはどうでしょう。

［3］那智滝は実に直下九十丈、日本《にっぽん》一の大瀑布で、（一九三四・九月号）

紀伊半島にあって、世界遺産にもなった那智の滝です。九〇丈を計算すると二七二・七メートル、そう聞けば、日本一高い滝だと納得できます。

［4］可憐な鳩が［……］仙台東京間三百粁《キロメートル》を二匁《もんめ》五分《ふん》からの筒を背負つて立派に使命をはたしてゐる。（一九三二・五月号）

「ミスニッポン」
『家の光』昭和６年（1931）８月号

東京仙台間三〇〇㌔はいいのですが、漢字に注目してください。「粁」の漢字を分解して右から読むと千米《メートル》、つまり一㌔です。センチメートルは「糎」、ミリメートルは「粍」でした。これらは、日本で生まれた漢字＝国字が単位になったものですが、こういう漢字は今ではお目にかかることはめったにありません。伝書鳩が運ぶ筒の重さが「二匁《もんめ》五分《ふん》」というのですが、この重さがわからないとハトがどれほど「立派な使命をはたしている」のかわからなくて、感心することもほめることもできません。ミスニッポンの体重のところで、一貫三・七五㌔で換算しました。一貫は一〇〇〇匁ですから、一匁は三・七五㌘、一匁は一〇分ですから、一分は〇・三七五㌘。結局ハトの運ぶ筒は九・三七五㌘ということになります。ハトが約一〇㌘の筒を背負って三〇〇㌔を飛ぶのは、やはり立派な使命をはたしているのです。

もうひとつ匁の例を挙げましょう。

［5］一把八十匁の生糸十二把宛《づゝ》を一締めとしてこゝで括られる。（一九三一・九月号）

製糸工場の記事です。一匁は三・七五㌘でしたから、一把八〇匁は三〇〇㌘、それを一二把ずつ括るのですから、一締めは三・六㌔、つまり一貫に近い重さにしたのでしょう。

量に移りますと、お米のはかり方も、少ない順に勺・合・升・斗・石でした。

［6］食事は『行』にふさはしく、一日五勺から八勺の玄米粥に梅干一個づつ、胡麻塩少々。（一九四一・一〇月号）

一升＝一・八リットル、一合＝〇・一八リットル、一勺＝〇・〇一八リットルですから、「一日五勺から八勺」というと、一日〇・〇九リットルから〇・一四リットル（これをCCに直すと、九〇ｃｃから一四〇ｃｃになります）。この「行」は箱根足柄山中の幽谷で行われた大政翼賛会主催の特訓みそぎ修錬会で、各界の名士が荒行に我を忘れた、と記されています。写真を見ると白装束に白鉢巻の男性たちが、石のゴロゴロ転がる渓谷を歩きながら何ごとか叫んでいます。中には小磯国昭大将の姿も見えます。相当きつい修錬だったようです。食事も一日に一四〇ｃｃに満たないお粥しか食べられず、それに「梅干一個と胡麻塩少々」がつくだけですから、確かに粗食に耐えながら行われた修錬会でした。

当時は農業国でしたから、米をたくさん収穫すればするほど優秀で、収穫競争も盛んでした。その年に最もたくさん収穫した人が県から表彰されたという記事も載っています。

［7］村一番の働き手、照井清蔵さんは、段当り二石五斗五升の大戦果をあげました。
（一九四四・一二月号）

大戦果がどれほどか、急いで計算してみますと、一段（反）＝三〇〇坪です。一石＝一〇斗＝一〇〇升で一八〇リットルになります。左頁の写真の女性がかついでいるのが俵です。この俵一俵は六〇キロで一俵には四斗の米を入れます。そうすると、二石五斗五升は六・三俵ということになります。でも、まだ多いのか少ないのかわかりません。

Yahoo知恵袋によると、豊作の時で一反当たり一〇俵約六〇〇キロ穫れ、こしひかりなどのブランド米は六・五〜七・五俵だそうです。照井清蔵さんは今から六八年前に、農薬や品種改良などで技術が進んだ現在とほぼ同じ量を収穫したのです。当時から見ればやはり大収穫・大戦果だったことがこれで納得できました。

大力比べもよくあったようで、そのなかに次のような記事がありました。

［8］新潟県［……］の佐藤啓治さん、町内の力比べで三俵を背中に一俵づゝを両手に、五俵の米を軽々と持つて一町の間を往復し、観衆の腰をぬかさせたといふ。（一九三四・四月号）

天力無双
→鈴木《すゞき》みなとさん
美男《びなん》と大力《たいりき》とて一世《いつせい》を沸《わか》した三杉磯《みすぎいそ》が酒田《さかた》の山居《さんきよ》女仲仕《をんななかし》には負《ま》けたといふ傳統《でんとう》の血《ち》を受《う》けた彼女《かのぢよ》、•
•五俵《へう》の米《こめ》を輕々《かるがる》とにつこり笑《わら》つたところは當代《たうだい》日本《につぽん》一の折紙《をりがみ》つき。
→薩井《さゝゐ》虎治《とらぢ》さん
一人後《うしろ》にかくれてしまつたが、大《だい》の男《をとこ》五人《にん》を擔《かつ》いでなほ餘裕綽々《よゆうしやく〳〵》。一人十五貫《くわん》としても七十五貫《くわん》。

『家の光』昭和12年（1937）7月号

五俵の米、つまり三〇〇キロの米を軽々と持って一町の間を往復したというのですからすごいです。ちなみに一町は六〇間で、一間は一・八メートルですから、一〇八メートルを往復したことになります。アトランタ・オリンピックの重量挙げでいちばん体重の重いクラスの優勝者が挙げたバーベルが二六〇キロだそうですから、この佐藤さんの怪力ぶりがよくわかります。

もうひとり力持ちの女性がいます。一七一ページの写真の鈴木みなとさんも、五俵のお米をかついでにっこり笑っています。百メートル歩いた佐藤さんには及ばずとも、やはり怪力です。力比べと言えば米俵の数を競う、まさに当時の日本は農業国だったのです。

こうした尺貫法による単位は今ではすっかりメートル法に取って代わられ、面影もありません。それどころか、新しい単位が次々に登場して、それに追われる日々です。いろいろな数字を眺めてみるだけでも、また少し昔の日本が見えてくるものです。

◉意味のずれてきたことば

以下は、ことばは同じでも、意味が微妙にずれてきているものについてです。

戦前の形容動詞・副詞をみているうちに、現代と同じことばなのに、違う意味で使われていることばを見つけました。「可憐」「明朗」「粛々と」です。まず「可憐」です。

［9］可憐な早咲きの矢車草を、ごく自然に古びた土鍋に活けた野趣のある活け花です。

（一九四一・四月号）

［10］教科書を無くした、可憐な小学生に同情し、全国の小学校から集《あつま》つた教科書の山。

（一九三四・三月号）

［11］戦火に親兄弟を失ひ、たつた一人路頭に投げ出された可憐な支那の孤児たちに、

（一九四一・二月号）

［9］は、現在わたしたちが使っている意味ですが、［10］［11］は違います。「可憐な小学生」というと、今なら「愛らしくて可愛い小学生」を意味するでしょうが、［10］では「かわいそう」の意味です。戦前に刊行された『大辞典』をみると、①あはれむべきこと。②姿の優美なること。③愛すべきこと。となっています。現代語の小型辞書『新選国語辞典』九版（小学館）では「いじらしく、かわいらしいようす。愛らしいこと」となっています。中型の『大辞林』（三省堂）では、「いたわりたくなるようすである・こと（さま）。いじらしく、かわいいこと」となっています。「いたわりたくなるようす」というところに、戦前の「あはれむべき」が引き継がれていますが、用例は「可憐な花」だけなので、やはり「あはれむ」意は感じられ

ません。

この語の現在の意味としては、「可憐な花」を橋渡しにして、戦前の「哀れむ」意味から「かわいらしい」へとシフトしてきたことが考えられます。なお、中国語では「可憐（可怜）」は「哀れだ。哀れむ」の意で、「可愛（可爱）」が「かわいい」です。中国人の日本語学習者がかわいそうな小学生をみて「可憐な小学生」と言ったら、今の日本語教師は×にするでしょうが、戦前では○だったわけです。現代日本語とちょっと前の日本語と現代中国語が三つどもえになって微妙にずれたり重なったりしているのですね。

「明朗」も今とはやや違う意味で、次のように使われています。

[12] 明朗日本《にほん》の象徴、霊峰富士に映える河口湖畔の桜。（一九三四・四月号）
[13] 御明朗な御眼《おんまな》ざしや薫るが如き御気品は、御幼少時代の照宮様そのまゝに在《おは》すと、側近奉仕の方々はお噂申上げてゐる。（一九三四・五月号）

当時の辞書を見ると、『大辞典』は「明かにほがらかなること。あきらかにして潔《きよ》きこと」と記し、『明解』は「あきらかでほがらかなこと・陽気なこと」と記されています。現代の辞典を見ますと、『三国』では「①気持ちが明るくて、ほがらかなようす。②はっきりしめしてかけ引きのないようす」とあります。戦前の辞書と大差ありません。

これが中国語の『中日辞典』（小学館）では、「①（室外の光線が）明るい。②はっきりしている。明らかである。③明朗である。朗らかである」となっています。中国語本来の意味は「明るい」にあって、[12][13]はそれに近い使われ方です。現在の日本語では中国語辞典の③の意味で使われているので、[12][13]のような例を見ると違和感があるのでしょう。現在の例を新聞で見てみましょう。

[14] 人物評は「がさつだけど明朗快活」（朝日 二〇一一・一一・二六）

[15] マイケル・ウッドフォード社長が「過去の企業買収で不明朗な支出がある」と告発を始めてから約四週間、[……]（朝日 二〇一一・一一・九）

のように、それぞれ違った意味で使われています。つまり、先の『三国』の記述どおりで、[14]の朗らかな意味と[15]のはっきりしているという意味とふたつの意味で使われているということです。「明朗」といえば、文字通り「明るく朗らか」ととられがちですが、現代では引用のように二つの意味で、戦前では中国語の中心的意義である「明るい」に重点のある意味で、使われていたのです。
もうひとつ、「粛々と」という語も、現在とは違った使われ方です。というより、現在の方が本来の意味から外れた周辺的な意味で使われるようになったと言えます。

[16] 将軍は儀仗隊に前後を護られ、[……] 軍務奏上のため粛粛と宮中に参内した。
(一九四一・五月号)
[17] 砲車に遷《うつ》された霊柩は、[……] 陸海軍諸将星に護られて粛々と日比谷斎場へ。
(一九四三・八月号)

「粛々と」は、本来このような、おごそかでしずかに何かが行われる様子を表す副詞なのですが、現在の用例をみると、次のようなものが目につきます。

[18] 野田首相はインドを訪問し、外交日程を粛々とこなしていた。(朝日 二〇一一・一二・二九)
[19] 実情をしっかり把握して計画を粛々と進めていく実務レベルの能力が問われる。

（朝日 二〇一一・三・一六）

ここには、おごそかな雰囲気はまったくありません。初めは、厳粛な気分も残して、身を低くして慎んで静かにふるまう様子を「粛々と行う」と言っていたのでしょうが、次第に、他人から批判や非難を受けないように、そつなくこなす実務的な処し方をする様子へと意味が変わってきたことをこれらの用例は示しています。

意味だけでなく、形の上でも形容動詞は変わってきています。『家の光』には、「堂々たる国会議事堂」「はるかなる地平線！」のような語がよく使われていますが、現代語では「堂々とした態度」「はるかな地平線」のような形で使います。現代語の中でも、テレビドラマの題名として「華麗なる一族」や、歌の題名に「玲瓏たる秋の雨」などと使われることはありますが、普通の言語生活の中では「なる」「たる」の形は影が薄くなっています。「たる」が「と」に、「なる」が「な」に変化してきたのは、その分ことばが軽くなっているのです。重々しさが減っていると言い換えてもいいでしょう。最近ことばが軽くなったとよく言われますが、中身のない軽さというだけでなく、形の上からも軽量化しているのです。

14

今も使われる戦時中のことば

二〇一一年三月の大地震によって引き起こされた福島第一原発の事故では、日本人が今まで遭遇したことのない事態が次々に発生しました。そのつど、新しいことばがメディアに飛び交いました。たとえば、「炉心溶融」「過酷事故」「廃炉」「除染作業」「ベクレル」「シーベルト」などなど、それまで一般には使われなかったことばです。その点では、戦争も同じです。戦争という日常とは違う非常事態が起こると、それを表現するためのことばが必要になります。その結果新しいことばが大量に生まれます。そうした非常時のことばは平常に戻ると、使われなくなります。必要でなくなるからです。ところが、中には戦争の中や、その社会で使われたことばが、平時にも残って使われるものも出てきます。ここではその種の、平和を取り戻してからも使われているということば群を捉えてみたいと思います。

◉生命線

この語は今でも普通に使われているので、ずっと前から日本語にあったことばと思われるかもしれません。ところが、一九四三年に刊行された『明解』には「生死・(存立)に関係する・線(地域)」という語釈で採録されていますが、その八年前一九三五年に刊行された七〇万語を擁する大型の『大辞典』には載せられていません。一方で、一九四〇年に発行された『新聞語辞典』には収録されています。ですから、戦争が激しくなってから生まれたことばと考えても間違いではないでしょう。

[1] 万里の波濤を越えて海の生命線、南洋への壮途に上る(家の光 一九三四・九月号)
[2] カナダ国防軍は、アラスカから北米との国境に至る太平洋沿岸にカナダ防衛生命線を設定し[……](朝日 一九四二・六・一四)

本来の意味は、自分の側の存立を保つためのぎりぎりの境界線のことですから、例のように海上のこれ以上譲れない境界線のことを示しています。これが、使われているうちに、実際の線や地域ではなくても、これだけは守らなければならないもののことも表す例が出てきます。

［3］沖縄の農業者の生命線はこの黒糖である。（家の光 一九三九・八月号）

ここで言う生命線は黒糖という産業をさしています。これも戦時中の例ですが、現在でも盛んに使われているのはこうした意味での生命線です。次は、大関昇進の決まった力士や普及した携帯電話について使われた例です。

［4］琴奨菊の生命線はとにかく相手を止め、出ること（朝日 二〇一一・一一・一八）

［5］いまや大半の人が持つ携帯電話。非常時には生命線と言えるものになった。（朝日 二〇一一・九・一四）

よく読むと［5］の生命線はそれまでの例と意味が違っています。［3］、［4］は守るべきぎりぎりの線ですが、［5］は生命を守るための手段です。また、電話の「線」と生命線の「線」とが重なって、非常時に人と人をつなぐものの意味を示しています。新たな線の復活とも言えます。同じことばですが、少しずつ意味がずれてきているのです。

（ところで、生命線を英語にするとlife lineで、この英語からカタカナ語「ライフライン」も生まれています。しかし日本語のライフラインは生命線とは意味が違います。横道にそれますが、こういう外来語と従来の日本語の微妙なズレが、日本語を学ぶ外国人を悩ませているのです。）

◉○○戦

これこそ、まさに戦争を表す語なのですが、この造語は意味のあり方で三つに分けられます。①は戦争そのものを表す語です。

［6］ものすごい空中戦が始まつた。（家の光 一九四〇・一〇月号）

のような例があり、ほかに「掃討戦」、「塹壕戦」、「肉弾戦」などが出てきます。この種の語は、戦後の日本は戦争を行っていないので、幸い現在使われることはありません。

②は「長期戦」のような語で、実際の戦争が長引いている意味と、戦争以外の事態が長引い

ている意味との二つの意味で使われます。次の例の「前哨戦」もこのグループに入ります。

［7］石家荘前哨戦　北上の敵をまづ撃破（朝日　一九三七・一〇・八）

［8］日米水上前哨戦　あす大阪で挙行さる（朝日　一九三五・八・一〇）

［7］は実際の戦争について、［8］は水泳競技についてそれぞれ「前哨戦」を伝えています。現在は［8］のような比喩的な用法で、次の［9］のように使われています。

［9］立候補予定者の三氏、TVで前哨戦　大阪府知事選（朝日　二〇一一・一一・一〇）

③はグラビアの例では「建設戦」「増産戦」のような語です。本当は戦争ではないのですが、戦争のように激しい競争が繰り広げられることを指します。現在の例では「名人戦」「決勝戦」「敗者復活戦」「新人戦」「投手戦」「選挙戦」などがあります。

現在では、②③のグループの語が使われているわけです。

◉総動員

この語も『明解』には出ていますが、『大辞典』には出ていません。一九三七年八月に、近衛内閣が、国民を戦争に協力させるための「国民精神総動員実施要項」を決めます。翌年には「国家総動員法」を制定して、まさに国民を総動員し、一人残らず戦争に駆り立てることになりました。一九三七年一二月号のグラビアでは「国民精神の総動員」と見出しを立てた記事が載ります。天皇が異例の祭事を行い、それに合わせて全国の一一万の神社が一斉に中祭を行って皇軍の武運長久を祈願したというもので、小学生の明治神宮参拝の写真が添えられています。

この「総動員」は政府の造語ということになるのでしょうが、この精神を普及するための「国民精神総動員中央連盟」というのもできます。その結果、

[10] それも文字通りの総動員、村を挙げて、老いも若きも早朝から製造に従事してゐる。

(家の光 一九三八・一〇月号)

のような、政府からの指令によってではなく、村人が全員で製造に従事していることについても言うようになります。現在でも、こうした使い方は引き継がれています。

[11] 同漁協は養殖以外の組合員も総動員して、固定作業に臨む予定で（讀賣 二〇一一・九・一四）

[12] 翌日、川崎に残してあった仕事場に到着。ネットなどを総動員して情報収集を始めた。（朝日 二〇一二・三・四）

[12] の例では総動員するのは人ではなく、情報という抽象物です。ここでも、使い方の広がりをみることができます。

◉翼賛

この語は『大辞典』にも採録され、「たすくること。輔佐すること。扶翼」と語釈を記し、三国志の用例も出しています。今回の戦争で生まれたことばではありません。しかし、この語を使ってできた「大政翼賛会」の存在が戦時中大きな影響力をもっていましたので取り上げてみます。「大政翼賛会」は、戦争遂行のために、それまで存在した政党が全て解散してひとつに統合された国家組織で、この語から「翼賛政治会」「翼賛議員連盟」「翼賛選挙」などの語も生まれました。「翼賛」の意味も、単に「たすくること」の意味だけでなく、以下の例のように大義のもとひとつに束ねてたすけあう意味で使われています。

[13] 戦時下組合婦人の協力翼賛が力強く叫ばれた。（家の光 一九四一・七月号）

最近でも、よく使われますが、

[14] みんなの会の渡辺喜美代表は「財務省路線で増税翼賛体制が強化される内閣だ」と、（朝日 二〇一一・九・三）

[15] （ミャンマーで）軍政翼賛政党が大勝（讀賣 二〇一一・一・三）

のように、本来の「たすける」意味ではなく、ひとつに束ねられているという意味合いが強く出ています。

◉自爆

この語は、『明解』には「飛行機を敵中に突入させてみづから爆破すること」という語釈をつけて載せられています。特攻機の攻撃の仕方として述べているのでしょうが、事実としてもむごい語釈です。『大辞典』にはやはり出ていないので、戦時中にできたことばであることがわかります。一九四四年一一月に放送されたドラマの台本にもこの語は出てきます。

[16] この男も敵の空母に体当りして壮烈な自爆を遂げたのですが、若いに似ず実に肚の坐つた、洒脱な人間でしてね。(「翼(一夜)」一九四四・一一・一四放送)

最近では、「自爆テロ」のような形で目にすることが多くなりました。

[17] アフガニスタン南部カンダハルで一〇月三一日、国連難民高等弁務官事務所(UNHCR)の宿泊施設近くの検問所に車が突っ込み自爆した。(朝日 二〇一一・一一・一)

中東や西アジアの紛争の中で若者たちが、爆弾を身につけて、政府の要人たちの車に体当たりしたり、爆弾を積んだ車ごと突入するなどの痛ましい行為ですが、同じことを七〇年前の日本の若者たちもやっていたのだと思うと、遠い国のできごとだとは思われなくなります。

◉自粛

『明解』には「みづからつつしむこと」として出ていますが、『大辞典』には採録されていません。やはり戦時中の語ということになります。

［18］「［……］多少の不便は忍んで、重点輸送に協力せよ」と、全国民の自粛心に呼びかける、新運輸通信大臣五島慶太氏。（家の光 一九四四・四月号）

二四年前、昭和天皇の病気が重篤になったころ、祭りなど、歌や踊りのイベントを「自粛」する動きが盛んになって、この語も脚光をあびました。そして最近は福島第一原発事故の結果として新聞でよく目にします。

［19］原発事故の影響で地元の漁協は漁の自粛が続く。（朝日 二〇一二・一二・二五）

「コメの出荷自粛」「残留農薬で営業自粛」のような辛い「自粛」も多いのですが、これらの例では、本来の「みずからつつしむ」という自発的な行為というよりも、原発事故によって仕方なく「自粛させられ」ている意識が強くみられます。「自粛」の意味も拡大しているのです。

◉防空頭巾↓防災頭巾・鉄兜↓ヘルメット

ここでは、同じ機能を持つ物が、戦時中とはすこしずつ違って現在のことばになっている例を見ます。戦争も末期になり、空襲が激しくなると、それから身を守るための装備や服装も必要になってきます。頭を守るのが「防空頭巾」と「鉄兜」です。

［20］鉄兜は高射砲の破片や爆風による土砂や瓦等による被害を少くするのに大変効果がある。鉄兜が手に入らぬ場合は防空頭巾をかぶり待避する時や連絡等に出る場合は必ずこれをかぶること、（朝日　一九四四・七・五）

と、二つの防具を比べて書いています。鉄兜は防具としては強靱ですが、「防空頭巾」は冬は防寒用のかぶり物になり、持ち運びにも軽くて便利という利点がありました。

一方で、戦場に赴く兵士には「鉄兜」は欠かせない装備でした。

⇨鐵兜《てつかぶと》を背にして颯《さつ》爽《さう》と、都心の朝を通《つう》勤者《きんしや》は常と變らぬ足どりで。

「空襲何のその
戦ふ帝都だより」
『家の光』昭和20年
(1945) 3月号 (2・3合併号)

[21] 鮮血に染つた馬がこれも鮮血で真赤に染つた鉄兜を横腹にくつつけて帰つてきた (朝日 一九三七・八・二)

こうした防具が、現在では「防災頭巾」「ヘルメット」となって復活しています。

[22] 東日本大震災を機に学校などで児童・生徒用にヘルメットを備える動きが出ている。これまでは防災頭巾が主流だったが、重い落下物への対策が必要という考えからだ。(朝日 二〇一一・一〇・五)

ヘルメットは子どもの防災用具としてよりも、バイクに乗る際の必需品ですし、スポーツ関係では不可欠な装備品です。今や科学者にとっても必要なようです。

［23］揺れがおさまると、ヘルメットをかぶりサーベイメーター（放射線測定器）をつけて研究室を飛び出した（朝日 二〇一一・一一・九）

◉空襲と空爆

「空襲」は、『大辞典』にも出ていて、それほど新しくもなく、一九三〇年代の新聞には日本軍が中国各地を「空襲」して「赫々の戦果を挙げた」記事がよく載っています。三〇年代後半には、空襲に備えて防空演習をする記事が目につきます。そして四〇年代になると、アメリカ軍のB29の日本各地への「空襲」の報道が増えます。米軍機が日本の空に近づくと「警戒警報」が発令され、さらに接近すると「空襲警報」になります。

［24］空襲警報発令！　たゞちに隣組の老人、子供、病弱者妊産婦は横穴式防空壕へ退避する。（家の光 一九四五・二、三月号合併号）

ことになります。「防空壕」は今で言う「シェルター」です。最も大きな空襲は一九四五年三月の東京大空襲です。一夜にして一〇万人の命が失われ東京は焼け野原になりました。

この戦争の後、日本国内では戦闘も空襲もなくなりましたが、外国では依然として各地で戦争が行われています。そのとき、同じような空からの攻撃も行われますが、それは、

[25] イスラエル軍が空爆、ガザで民兵一人死亡。(讀賣 二〇一一・一一・七)

のように「空爆」と言って「空襲」とは言いません。この違いはどこにあるのでしょう。「重慶空襲」「漢口空襲」のように日本軍が空襲する例も三〇年代には多く使われていたのですが、その後の日本人にとっての「空襲」は、「空襲に遭う」「空襲を受ける」「空襲被害」など、襲われる側として受動的に使われることが多くなりました。一九四一年に刊行された『新聞雑誌語事典』(八光社)の『空襲』の項目には「敵機空中からの来襲攻撃であるが」と記されていて、「空襲」される側に立った書き方です。

[25] のイスラエル軍や、イラク戦争でアメリカ軍がイラクに対して行ったのは、「空爆」と

いって「空襲」とは言いません。イスラエル軍やアメリカ軍が主体的に爆撃を行うからです。また、「空襲」は襲うのですが、何をして襲うのかは示されません。「空爆」も空から襲いますが、爆弾を落として襲うのだと、襲う手段が明確にされています。

このほか、戦時中に使われ始めて戦後も使われている語はけっこう多いのです。「もんぺ」は戦争末期の日常着として国中にひろがりました。現在は「もんぺ姿の俳人」のようにある種のこだわりを示す服装として用いられています。「部隊」は戦争を行う単位として必須でしたが、現在では「引っ越し部隊」「ボランティアの支援部隊」などグループを言うときに多用されています。「戦士」も本当に戦争で戦う人でなくても「企業戦士」「代表戦士」「IT戦士」など目につきます。たくさんのことばが、戦争の中で生まれ、七〇年を経てもそのまま、あるいは意味をずらしながら使われているのです。

あとがき

この本は、少し前の日本語の姿を伝え、現代語をよりよく知るために書いたものです。ことばは変化する、といつもいつも言われています。変化するのはわかっていても、いつ、どのように変化するのか、できるものなら、その現場を押さえておきたい、また、現在のことばとつながる点や相違点を知って、ことばの連続と不連続の妙を実感してみたい、と思います。

わたしは日本語教育から出発して、女性のことばの研究に熱をあげ、辞書の編集に首を突っ込み、中国女文字に魅せられて湖南省に通い、昭和語研究の意義を訴え、そして今は介護の日本語研究におぼれかけています。こう書くと、脈絡も節操もなく、あれこれ手を出したがる軽いヤツと思われるかもしれませんが、みな根っこの所でつながっているので、本人としては何の矛盾も感じていないのです。

この本の元になる昭和の日本語の研究も、日本語教育に携わり、また、辞書の編集をしていてどうしても近い過去までさかのぼらないと説明できないことが多かったことから、出発しています。類義語の説明をしていて「弁当をこしらえる」と「弁当を作る」の区別に困ったり、留学生に「ベッド」と「寝台」はどこが違うかと聞かれて、はて？ と立ち止まったりするなかで、どうしても、近い過去の日本語を知る必要に迫られていました。

国立国語研究所あたりで、昭和の日本語のコーパスを作ってくれないだろうか、だれか、書きことばと話しことばを含む昭和語資料収集の一大プロジェクトを立ち上げてくれないか、と願いました。昭和の記憶の残っているうちに、古典語の残滓が多分に残る昭和の初めから、戦後の高度経済成長を経てバブル期に達していた昭和の終焉まで、六四年間の日本語の実際の記録を残す必要があります。この時期はつい最近のことですから、改めて調査だの分析だのしなくてもわかっているように思えますが、決してそうではありません。そこには、類義語の記述で迷ったり、日本語教育でつまづいたりすることばの謎がたくさん埋まっているのです。

一大プロジェクトは夢想の域を出ませんでしたが、ただ、待っていても何も解決しません。仕方なく自分のできる範囲でやってみようかと考え始めたとき、偶然にも、戦前戦後のラジオドラマ台本七八冊を手に入れることができました。六、七〇年前のラジオで放送されたことばは今と同じ部分も多いけれど、違っている部分もかなりあることがわかりました。たとえば二人称詞の「あなた」が目上の人にも敬意をこめて使われていて、この時期なら確かに敬称と言えたということです。対等か目下の人にしか使えないとされる現在の「あなた」から見ると、「あなた」の価値の下落がこの期間に起こっているということがはっきりします。「おじさんたち、弁当をその船の中でこしらえるの」と小学生が船の乗組員に尋ねる会話も出て来ます。ここで、「弁当を作る」と「弁当をこしらえる」は同じ意味だけれど、それぞれ使われた時期が違うのだとわかりました。

話しことばの方面はこの資料でかなりわかりそうですが、書きことばはまた違います。書きことばと言っても論文や社説のような硬いことばではなく、一般庶民が読み書きするレベルの書きことばです。そうなると、一般読者向けの雑誌の用語調査ということになります。

戦前三大誌とされる雑誌がありました。『キング』『家の光』『主婦の友』です。三誌とも最盛期には一〇〇万部以上を発行していた大メディアです。この中で最も当時の日本語を忠実に反映しているもの、つまり、雑誌の読者層の幅がいちばん広いものとして、『家の光』を選びました。この雑誌は一九二五年に創刊されて現在も健在です。大読者数を誇った有名雑誌の多くが平成になって姿を消したのを知る者として、この雑誌の健闘は大いにたたえたくなります。

資料として使う『家の光』の時期は、昭和初期のラジオドラマ台本の時期と合わせて、一九三一年から一九四五年の一五年間にすることにしました。最も戦争に明け暮れた時代です。

さて、その雑誌の一五年間分を資料として使うとして、サンプルにはどこを切り取ればいいでしょう。ここでまた、ない知恵を絞ったのですが、記事の文章にできるだけ偏りがないのが望ましいので、署名記事は避けました。掲載される記事のジャンルも、時局の解説、政治家の抱負、家計のやりくり、子どもの教育、農業経営の新技術、などさまざまですが、特定のジャンルに限るのはまずい、となると編集部が書いている記事がいいことになります。署名入りでない、編集部の文章はどこにあるでしょう—。そこで、行きついたのがグラビアです。

『家の光』のグラビアは、毎号一〇ページほど設けられ、それぞれの写真にキャプションがつけられています。これが、写真の題名のような簡単なキャプションではなく、たいていは写真の丁寧な解説文といった扱いで、短い読み物のようなものもあります。そもそもグラビアでは、時の話題の人物や、できごとが写真で紹介されるので、当時の社会をよく反映しています。総理大臣に任命されたばかりの政治家、オリンピックの優勝選手、南洋のジャングルを進軍する軍隊、季節の花の生け方、流行の髪型、「満洲」へ行く花嫁の訓練ぶりなど、登場人物も項目も実に多彩です。多彩な人物や事柄が扱われるとすれば、ことばも多様に広がるはずです。これをメインにすることに決め、あとは同時代の新聞（朝日、讀賣）で補うことにしました。

こうしてやっと資料に基づいて、昭和のはじめのころの日本語を、文法面から、語彙・表記の面から、敬語や人称や呼称から、また外来語の受容と定着の推移から、ジェンダーとことばの観点からなど、興味のあるままに、テーマごとに調べていきました。本書ではそれらを、主として人に関することばを第Ⅰ部に、モノや事柄に関するものを第Ⅱ部にまとめてあります。

話しことば書きことばとも、総体的には現代語と共通部分が多いけれど、部分的には、現在の語形や表現方法とは違うところがかなりあることがわかってきました。たとえば、文法的には、「感ずる→感じる」のような語形の変化がこの時期に起こっていますし、皇室関連の敬語では「聖駕奉拝・御誕辰・龍顔・玉体・奉戴」等々、ものすごい敬語が氾濫していたこともわかりました。敵性語と言われていた外来語が意外なところで使われていることもわかり、また、語形は同じでも意味が変わってきているなど、ふだん気づかない微妙な変化も見えてきました。

言うまでもなく、どの時代のことばも孤立して存在するわけではありませんから、過去の用法や意味を知ることで、現在の語の位置がわかり、将来も予測できます。もちろん、限られた資料から近い過去を知り、わかったと思っても、結局は歴史の流れの中の浮き草を少しつまんだに過ぎません。

この本を手に取ってくださった方々が、その浮き草を一緒につまんでみてくだされぼうれしいです。そして、その浮き草の色や形が、現在のわたしたちのものとどこが似ていてどこが違うかを観察していただくためにこの本が役立つなら、これほど大きな喜びはありません。

最後になりましたが、近い過去のことばからわずかながら問題を提起していきたいという願いをかなえてくださった大修館書店の山田豊樹さん、錦栄書房（当時）の日高美南子さんに心からお礼を申し上げます。日高さんは、内容についても、いろいろ助言をしてくださいました。それだけでなく大変丁寧に校閲してくださって、うっかりミスの多い原稿をすみずみまで目を光らせてくださいました。また、家の光協会には、資料収集のためにお訪ねした際には快く閲覧を許してくださり、その上グラビアの写真掲載についても多大なご協力をいただいて、本当に感謝しています。当時の雰囲気を伝える写真を多く挿入することができ、本書で取り上げたことば群が生きた背景を、一目で、理解していただけるのは大変ありがたいことです。

みなさまの、ご厚意の上に生みだされたこのささやかな本が、元気に育ってくれることを念じています。

二〇一二年四月　葉桜の季節を迎えた東京で。

遠藤織枝

参照・引用文献

荒川惣兵衛『外来語辞典』冨山房、一九四一
植原路郎『新聞雑誌語辞典』八光社、一九四一
遠藤織枝他編『戦時中の話しことば―ラジオドラマ台本から』ひつじ書房、二〇〇四
加茂正一『新語の考察』三省堂、一九四四
佐藤卓巳『キングの時代―国民大衆雑誌の公共性』岩波書店、二〇〇二
新村出『外来語の話』駸駸堂、一九四四
千葉亀雄編『新聞語辞典』栗田書店、一九四〇
日本放送協会『宮廷敬語』日本放送協会、一九四二
松元竹二編『国民百科新語辞典』非凡閣、一九三四
丸山林平『日本敬語法』健文社、一九四一
三國一朗『戦中用語集』岩波書店、一九八五

参照辞典

『岩波国語辞典　初版』岩波書店、一九六三

『広辞苑　初版』岩波書店、一九五五
『三省堂現代新国語辞典　四版』三省堂、二〇一一
『三省堂国語辞典　初版』三省堂、一九六〇
『修訂大日本国語辞典』冨山房、一九四一
『新選国語辞典　九版』小学館、二〇一一
『新訂大言海』冨山房、一九五六
『新明解国語辞典　七版』三省堂、二〇一一
『大辞典　上巻・下巻』平凡社、（一九三五・一九三六）一九七四復刻版
『大辞林　三版』三省堂、二〇〇六
『中日辞典』小学館、一九九九
『日本国語大辞典　二版』小学館、二〇〇一
『明解国語辞典』三省堂、（一九四三）一九九七復刻版

昭和語索引

●ア行

愛国婦人会　29　戦争協力を推進するためにつくられた女性の団体のひとつ。「愛婦」はその省略形。

兄鷲《あにわし》　48　先輩の航空兵。

荒鷲《あらわし》　47　勇敢な航空兵。

一合　169　「合」は量の単位。「一合」は約〇・一八リットル。

一丈　158、166　「丈」は長さの単位。「一丈」は約三・〇三メートル。

一段　170　「段」は広さの単位。「一段」は三〇〇坪。約九九〇平方メートル。

一分《いちぶ》　165　「分《ぶ》」は長さの単位。「一分」は約〇・三〇三センチ。

一匁　168　「匁」は重さの単位。「一匁」は約三・七五グラム。

一貫　165　「貫」は重さの単位。「一貫」は約三・七五キロ。

一間　172　「間」は長さの単位。「一間」は約一・八メートル。

一石　170　「石」は量の単位。「一石」は約一八〇リットル。

一尺　165　「尺」は長さの単位。「一尺」は約三〇・三センチ。

一勺　169　「勺」は量の単位。「一勺」は約〇・〇一八リットル。

一升　169　「升」は量の単位。「一升」は約一・八リットル。

一寸　12、115　「寸」は長さの単位。「一寸」は約三・〇三センチ。

一町　172　「町」は長さの単位。「一町」は約一〇八メートル。

一天万乗《いってんばんじょう》の大君　27　天皇に対する尊称。天下を統治される天子様。

一斗　170　「斗」は量の単位。「一斗」は約一八リットル。

一俵 170 「俵」は量の単位。「一俵」は四斗。約七二リットル。また、重さの単位として使うこともあり、その場合は「一俵」は六〇キロ。
一分《いつぷん》 166 「分《ふん》」は重さの単位。「一分」は〇・三七五グラム。
海鷲《うみわし》 47 海軍の航空兵。
エアーガール 65、66、70 飛行機の客の世話をする職業の女性。
エアポート 154、155 空港。航空港。
叡慮《えいりよ》 24 天皇のお考え。
英霊 49 戦死者の霊。戦死者の美称。
エレベーターボーイ 67 エレベーターで客を運ぶ職業の若い男性。「エレ・ボーイ」はその省略形。
応召《おうしよう》 76 軍隊の召集に応じて、指定の場所に行くこと。
大君《おおきみ》 27 天皇に対する尊称。
お使ひボーイ 66 買物の配達や届け物、急用の時などの用を足してくれる若い男性。メッセンジャーボーイ。
親鷲《おやわし》 48 熟練の航空兵。

●カ行

皚〻たる《がいがい》 38 雪が一面に白く見える様子。
咳嗽《がいそう》 107 せき。
華族制度 51 明治期、旧大名・公家、維新の功労者・実業家などに、公爵・侯爵・伯爵・子爵・男爵の爵位と特権を与えた制度。
ガソリンボーイ 67 ガソリンスタンドで、職業として給油・洗車などをした青年。
佳味《かみ》 107 とてもよい味。
神さびる 41 古くて尊くみえる。
神鷲《かみわし》 49 戦死した航空兵。
可憐 173、174 かわいそうな様子。
還啓 29 皇后がお帰りになること。
還幸 23、30 天皇がお帰りになること。
還幸啓《かんこうけい》 29 還幸と還啓。
貴公 82 同輩の相手を呼ぶ言い方。
貴様 82 親しい同輩や目下の相手を呼ぶ言い方。

義勇 157 正義と勇気。進んで国家のために尽くすこと。
行啓 28、29 皇后のお出まし。
行幸 22、28 天皇のお出まし。
行幸《ぎょうこう》啓《けい》 29 行幸と行啓。
玉顔 28 天皇のお顔。
玉体 28 天皇のおからだ。
玉歩 28 天皇のお運び。
空襲警報 190 敵の航空機の爆撃による空襲を知らせるサイレンなどの警報。
軍神 49 模範となるような成果をあげて戦死した軍人。
軍曹 76 陸軍の位のひとつ。曹長の下、伍長の上の位。
興《こう》亜《あ》 132 アジアの民族が共同してアジアを盛んにすること。
薨《こう》去《きょ》 52 皇族、上位の華族が亡くなること。
航空港 154、155 公共用の飛行機・飛行船が発着するところ。空港。エアポート。
皇軍 43、44、183 天皇の軍隊。
侯爵 51 第二番の爵位を授けられた人。
公爵 51 第一番の爵位を授けられた人。
公娼 9 公に認められて売春をしていた女性。
公定価格 89 特定の商品に対して、国や公共団体が決めた価格。
抗日軍 16 日本軍の侵略に抵抗する軍隊。
紅毛 7 赤い髪の毛。西洋人のこと。
国民学校 131 一九四一年に発足した新たな初等教育機関。それ以前の尋常小学校に相当する。修業年限は初等科六年、高等科二年。
御《ご》軫念《しんねん》 24 天皇が心を痛め、心配すること。
国家総動員法 183 日中戦争を遂行するための人と物品を統制する権限を政府に与えた法律。

●サ行

サービスボーイ 67 飛行機・電車などの乗客の案内をしたり世話をする若い男性。
嗄《さ》声《せい》 107 かすれ声。

塹壕戦《ざんごうせん》 181 敵から身を隠すために掘った塹壕にこもって防衛・攻撃する戦い。
子爵 51 第四番の爵位を授けられた人。
失敬 83 軽く謝るときのことば。「失礼」。
爵位 53 華族の階級の位。公・侯・伯・子・男の五つ。
私娼 9 公の許可なしで売春していた女性。
従軍 75、92 軍隊にしたがって、戦地に行くこと。
従軍記者 83 軍隊にしたがって戦地へ行き、戦地で取材して記事を書く記者。
銃後 19、24、46 戦線の後方の意味。直接は戦争に参加していない国民や国内。
粛々 173、176、177 おごそかでしずかな様子。
出御《しゅつぎょ》 27 天皇がお出かけになること。
蠢動《しゅんどう》 44 虫などがうごめく、から転じて、取るに足りないものが策動すること。
諸員 22 その場にいる担当者たち。
常会 79 町内会の寄り合い。
少国民 62、64 戦時下で、日本の戦争のための予備軍と考えられていた子どもたち（三國一朗）。年少の国民。
召集令状 72 軍人を呼び集める命令書。赤い紙が使われたので、一般に「赤紙」と呼ばれた。
詔勅 76 詔書と勅書。天皇の発する公文書の総称。
女給 14 カフェー、バーなどで、客の相手をした女性。
神韻 37 たとえようもなく気品が高い様子。
人員疎開 44 空襲などの被害を減らすために、都市の子どもなど弱者を地方に移すこと。
宸襟《しんきん》 24 天皇のお心。
森厳《しんげん》 41 非常に厳粛な様子。
神厳 41 辞書にはない。「森厳」と同じような場面で使われているところから考えると、同音の誤字を表記したのかもしれない。あるいは、『家の光』誌の造語とみるべきかもしれない。
尋常小学校 131 一九四〇年度までの、義務教育の初等教育機関。修業年限は六年。
尽忠《じんちゅう》 157 忠義を尽くすこと。

水密　99　「水蜜」の誤記。「水蜜」は、桃の一種の「水蜜桃」の省略形。

スタンドガール　68　自動車のガソリンスタンドで働く若い女性。

聖旨　24、29　天皇のおぼしめし。

聖寿《せいじゅ》　24、26　天皇のお年。

聖上　22、27　天皇に対する尊称。

聖戦　46　神聖な戦争。

聖徳　39　天皇の偉大な徳。

聖慮　24　天皇のお考え。

赤子　46　天皇の子。国民。

赤心　46　いつわりのないまごころ。

赤誠　11、46、157　いつわりのないまごころ。

斥候兵　62　敵の部隊の様子などを探るために、部隊から派遣される兵隊。

千古《せんこ》斧鉞《ふえつ》を知らざる　145　大昔から人の手が全く入っていないままの。

千載《せんざい》に輝く　49　千年後まで知れ渡る。

千人針　14　戦地に行く兵士の無事を祈って、さらし木綿などに、千人の女性が針で結び球を縫った布。これを身につけると敵の弾丸をよけられるとされた。

宣撫《せんぶ》班員《はんいん》　16　占領地で、占領・統治の目的や方針が、被占領地の人々の社会や生活に幸せをもたらすものだと説いて、人心を安定させる役割を担う人。

奏上　22　天皇に申し上げること。

総動員　183、184　戦争遂行のために、すべての国民を呼び集め、働かせること。

掃討戦《そうとうせん》　181　残っている敵をすっかり払い除く戦い。

●タ行

大尉　82　軍隊の位のひとつ。大将など将官の下の位である尉官の中のいちばん上の位。中尉の上。

大元帥陛下　26、27　天皇の呼称のひとつ。

大政翼賛会　62、169　一九四〇年に、新体制を推進するために結成された、国民を統制する組織。

台覧《だいらん》　30　皇后がご覧になること。

建物疎開　44　空襲などの被害を減らすために、密集している建物を分散すること。

男爵　51、52　第五番の爵位を授けられた人。

着御《ちゃくぎょ》　22　天皇がお着きになること。

中尉　76　軍隊の位のひとつ。大将など将官の下の位である尉官の中の二番目の位。大尉と少尉の間。

爪化粧　158、162　爪をきれいにすること。マニキュア。

爪掃除　68、70、158、162　爪をきれいにすること。マニキュア。

爪磨き　158、162　爪を磨くこと。マニキュア。

逓信省《ていしんしょう》　122　郵便・通信業務を取り扱う中央官庁。

帝都　44、45　首都の美称。

鉄兜　188　戦場で、敵の攻撃から頭を保護するためにかぶる鉄の帽子。

デモンストレーター　70　自動車の運転技術を習得し、目星をつけた家庭を訪問して、車の売り込みや宣伝をする仕事の女性。

天顔　28　天皇のお顔。

天機　23、24、26、30　天皇のご機嫌。

天覧　22、24、30　天皇がご覧になること。

刀自《とじ》　55、56　高齢の女性に対する尊称。

特攻隊　16　「特別攻撃隊」を省略した言い方。敗色が濃くなった太平洋戦争末期に取られた攻撃法。若い兵士が自分の乗った航空機・魚雷ごと突撃して、敵の軍艦に打撃を与えようとした。

隣組　190　戦時中、政府が作らせた町内会・部落会の下の最小のグループ。一〇戸内外でひとつの単位とした。

●ナ行

薙刀《なぎなた》　35　長い柄の先に、そった大きな刃をつけた武器。女性の武器とされた。

ならざるはなし　81　そうでないことはない。全くそれに適している。

南支　106　支那（中国に対する戦時中の蔑称）の南部。

肉弾戦　181　からだごと敵陣に突っ込んで戦うこと。

日満親善　18　日本と「満洲国」が互いに理解を深め、仲よくすること。

日支親善　18　日本と中国が互いに理解を深め、仲よくすること。

熱誠　45　熱情から出るまごころ。

●ハ行

陪食　23　天皇と一緒に食事をすること。

伯爵　51　第三番の爵位を授けられた人。

発御《はつぎょ》　22　天皇がお発ちになること。

美《び》爪師《そうし》　68、162　マニキュア師。

美爪術　158、162　爪を美しくする方法。マニキュア。

縹渺《ひょうびょう》　41　かぎりなく広い様子。

武運長久　183　武人・軍人として勝つための運が長く続くこと。

不敬　31　天皇や皇室に対する敬意がないこと。

婦徳　10　女性として守るべき道徳。

兵卒　82　いちばん下の階級の兵士。

崩御《ほうぎょ》　52　天皇・皇后・皇太后・太皇太后が亡くなること。

防空壕　190　空襲のとき、避難して身や財産を守るために掘った穴ぐら。

防空頭巾　188　空襲から頭を守るために、綿を入れて作った布のかぶりもの。

奉公・ご奉公　11、129、157　天皇・国家のために、身をささげて尽くすこと。

報国　157　国の恩に報いること。国家のために尽くすこと。

宝算《ほうさん》　24、26　天皇のお年。

報道班員　92　軍隊の中で、報道を仕事とする役割の班員。

鵬翼《ほうよく》　47　おおとりの翼。飛行機のこと。

北支　106　支那(中国に対する戦時中の蔑称)の北部。

母堂　54、55　他人の母親の尊称。

●マ行

麻雀ガール　68　麻雀の相手になったり、客のいろいろな世話をする女性。

マリンボーイ　67　東京湾の遊覧船に乗り込んで、乗船客の案内やサービスをする若い男性。
御稜威《みいつ》　24　天皇のご威光。
盟邦　132　同盟を結んでいる国。
明眸皓歯《めいぼうこうし》　42　美しく澄んだ瞳と歯並びの良い白い歯。美人のこと。
明朗　173、174、175、176　明るい。
メッセンヂャーボーイ　66　「お使ひボーイ」と同じ。
猛鷲《もうしゅう》　48　猛々しい航空兵。
モダンガール　66　洋装・断髪の近代的風俗を取り入れて、町を闊歩した新しい女性。略称モガ。
モダンボーイ　66　モダンガールに対することば。近代的スタイルに身を包んで、町を闊歩した青年。略称モボ。

●ヤ行

闇　78　売買を禁じられた物品をこっそり取り引きすること。また、公定価格を無視した価格で売買すること。
闇価格　90　公定価格を無視して、需要に合わせてつけた価格。
ヤンキーガール　65　アメリカの若い女性のこと。
幽邃閑雅《ゆうすいかんが》　41　奥深くひっそりと静かで上品な様子。
要心　95　「用心」と同じ。
翼賛　184、185　力を出しあって天皇をたすけること。

●ラ行・ワ行

陸軍大学校　22　陸軍の幹部を養成するための大学。陸大はその省略形。
陸鷲　47　陸軍の航空兵。
龍顔　28　天皇のお顔。
輪奐《りんかん》　40　高い建築物が壮大で美しいこと。
臨御《りんぎょ》　22　天皇がその場所においでになること。
令旨《れいじ》　29　皇后のおぼしめし。
レビューガール　66、68　音楽とダンスを中心とする演劇に出演する女性。
若鷲《わかわし》　48　若く未熟な航空兵。

[著者紹介]

遠藤織枝(えんどうおりえ)
1938年、岐阜県生まれ。
お茶の水女子大学文教育学部卒業、同大学院人文科学研究科修士課程修了。
人文科学博士。元文教大学大学院教授。
著書:『気になる言葉—日本語再検討』(南雲堂)、『女性の呼び方大研究』(三省堂)、『女のことばの文化史』(学陽書房)、『中国の女文字—伝承する中国女性』(三一書房)、『中国女文字研究』(明治書院)など。
編著:『使い方のわかる類語例解辞典』(小学館)、『日本語を学ぶ人の辞典』(新潮社)ほか。

昭和《しょうわ》が生《う》んだ日本語《にほんご》——戦前戦中《せんぜんせんちゅう》の庶民《しょみん》のことば

NDC 814/viii, 208 p/19 cm

初版第1刷——2012年6月15日

著者——遠藤織枝《えんどうおりえ》
発行者——鈴木一行
発行所——株式会社 大修館書店
〒113-8541 東京都文京区湯島2-1-1
電話03-3868-2651(販売部) 03-3868-2291(編集部)
振替00190-7-40504
[出版情報] http://www.taishukan.co.jp

装丁者——井之上聖子
印刷所——精興社
製本所——牧製本

ISBN978-4-469-22221-0 Printed in Japan